Joanna
Szczerbaty

jestem DDA

Notatki z terapii
Jak wyjść z toksycznego domu

MANDO
inside

© Wydawnictwo WAM, 2023

Opieka redakcyjna: Sławomir Rusin
Redakcja: Anna Śledzikowska, Monika Łojewska-Ciępka
Korekta: Katarzyna Onderka
Projekt okładki: Marcin Jakubionek
Skład: Lucyna Sterczewska

Pamiętaj! Książka to bardzo ważne wsparcie, ale nie zastąpi terapii czy pomocy specjalisty.

ISBN: 978-83-277-3186-9

MANDO
ul. Kopernika 26 • 31-501 Kraków
tel. 12 62 93 200
www.wydawnictwomando.pl

DZIAŁ HANDLOWY
tel. 12 62 93 254-255
e mail· handel@wydawnictwomando.pl

Druk i oprawa: ABEDIK • Poznań
Publikację wydrukowano na papierze Ecco book cream 70 g vol. 2.0
dostarczonym przez Antalis Poland Sp. z o.o.

I

RODZINA

Dom zły

Zawsze musiałam dbać o wszystkich w domu. Byłam najstarsza i znałam ten koszmar od początku.

Wiedziałam, jak się zachować, czego nie mówić i jak szybko wyprowadzić wszystkich z domu, żeby nie widzieli i nie słyszeli, ale przede wszystkim nie dostali tyle co ja. Ślady po kablach, sprzączce od pasa, i te największe, na duszy, noszę do dziś.

Starałam się chronić mamę i młodsze rodzeństwo.

Jestem dorosła, chcę zacząć żyć i dlatego rozpoczęłam terapię. Chcę żyć normalnie.

Mam problem z relacjami i chociaż chciałabym być kochana, robię wszystko, żeby tak nie było. Trudno mnie pokochać. Teraz to wiem.

Mój dom był domem złym.

Mam na imię Kasia. Dla innych mogę mieć inne imię. Dla wielu mogę być odbiciem w lustrze. Mogę być każdym. Sąsiadką mijaną na klatce, dziewczyną, co sprzedaje w sklepie z ciuchami, panią z okienka na poczcie lub młodą mamą, grzejącą twarz w wiosennym słońcu. Nie noszę widocznych śladów, umiem się uśmiechać, czasem nawet śmieję się głośno, a mój śmiech może zarażać innych. Moje największe rany są w samym środku mnie, umiejscowione gdzieś między sercem a żołądkiem, i mimo że są niewidoczne nawet w badaniu, ciągle bolą. Bo tak samo jak nie trzeba dotknąć, aby uwierzyć, tak nie trzeba widzieć, żeby poczuć. Skrzywdzona mała Kasia raz za razem daje znaki. Dziś już ją znam. Kiedyś nie umiałam w żaden sposób pomóc ani sobie, ani jej. Chciałam natomiast pomóc całemu światu. Tylko tak mogłam zagłuszyć jej krzyk w sobie. Krzyczała z samego środka kręgu, w którym tkwiła moja rodzina. Ciemny krąg alkoholu, nienawiści i przemocy – i w tym wszystkim mała dziewczynka.

Mama i ja

Moja mama poddała się od razu.

Robiła wszystko, co jej kazał. Żebrała o każdy skrawek miłości. Bił ją często, rzadziej głaskał. Szarpał, zmuszał do poddania się i przepijał wszystko, co zarobił. W domu nie było pieniędzy. Mamie ledwo starczało, ale gdyby jej kazał, to dałaby mu nawet i to, co miała. Bo mama go kochała głupią, dziką miłością, która ją codziennie niszczyła. Chyba żyła tym, jaki był, zanim zaczął pić. I czekała, że tamten wróci. Im bardziej poddawała się jemu, tym bardziej tamten się oddalał.

W domu to był temat tabu. Nie wolno było mówić o tym, że tato pije. To nawet nie był tato, ale tatuś. Tatuś robił dzikie awantury, tłukł wszystko, co napotkał na swojej drodze, wpadał w szał z niewiadomych przyczyn i łagodniał, kiedy wszyscy już byli przerażeni. Dziś myślę, że to nasze przerażenie i strach to było coś, co jemu dodawało sił, bawiło go, gdy chowaliśmy się po kątach. Mama nigdy nie potrafiła się postawić, mimo że przecież widziała, co się dzieje.

Teraz, kiedy jestem dorosła, mogę z nią o tym rozmawiać. Zapytałam ją całkiem niedawno, dlaczego nie odeszła od niego. Powiedziała, że bała się odejść, bo znała tylko taki świat, jaki urządził jej ojciec. Ale tak samo bała się jego. Zresztą wszyscy się baliśmy. Nienawiść przyszła później.

Czy mi jej szkoda?

Teraz jestem na nią zła. Ale wiem też, że była z tym wszystkim sama, a to rodzi bezsilność. Bezsilność jest byle jaka, jest pozornie niewidoczna, ale powoduje znikanie człowieka. Nie ma w sobie nic, nawet nadziei. I moja mama była cała utkana z tej bezsilności. Zanim jej wybaczyłam, musiałam przestać zadawać sobie najczęstsze pytanie świata: dlaczego? Dopóki jest dlaczego, nie ma przebaczenia.

Boże Narodzenie

Święta to był koszmar. Cały czas z ojcem w domu. Nie szliśmy nigdzie, bo był zazdrosny o spojrzenia innych w stronę matki.

Pamiętam, że kiedyś zagadała się na klatce z sąsiadem, który niósł choinkę. Ojciec dostał potem szału i tak ją sprał, że nie wstawała kilka dni.

Tamte święta były bez choinki i bez pierogów, ale siedziałam przy łóżku mamy, jakbym chciała odgonić śmierć. Jakby śmierć nie przychodziła, kiedy przy matce siedzi dziecko. Ojciec gdzieś polazł, wrócił pod koniec drugiego dnia świąt. Na czworakach. I to był najlepszy prezent. Bo jak był na czworaka, to nie bił. Zwyczajnie szedł spać. Kiedy pił na umór, nie miał siły bić. Najgorzej bywało, gdy wracał niedopity.

Zjedliśmy w tamte święta to, co ugotowałam. Miałam wtedy dwanaście lat. W zamrażalniku były mrożone warzywa, w szafce ryż. Jedliśmy tę zupę ciągle w napięciu, bo nie było wiadomo, kiedy on wróci. Każde pół godziny bez niego było darem.

Nie mieliśmy prezentów pod choinką, zresztą często choinki też nie było. Ale byliśmy wytrenowani w opowiadaniu o tym, co dostaliśmy. Wstyd za ojca, który towarzyszył nam przez cały czas, nauczył nas snucia „opowieści nieprawdziwych treści”, bo chcieliśmy chociaż tak pasować do innych. Wydawało mi się, że to jest dobre, bo prawdy o tym, jak jest w domu, wynosić nie było wolno. Zresztą któż by w to uwierzył?

Pamiętam, że raz ojciec przytargał od kogoś żywą choinkę, a potem się wściekł i lał nas jej gałęziami. W Boże Narodzenie mieliśmy w całym domu las. Pachniało choinką.

Nie byłam nauczona patrzenia na pierwszą gwiazdkę. Patrzyłam, podobnie jak moje rodzeństwo, w jakim stanie ojciec wróci do domu. I to było nasze oczekiwanie. Przez cały rok. Pierwsza gwiazdka niczego nie obiecywała, ale stan ojca już tak.

Moim marzeniem było, żeby ojciec umarł. Na każde święta życzyłam sobie jego śmierci. To było zupełnie świadome, bez żadnej złości, bez cienia nienawiści. Jedni chcieli rower, czekoladki, buty, wrotki, ja chciałam, żeby ojciec wyszedł i nigdy nie wrócił. Te myśli mnie nie przerażały. Kiedyś ksiądz na religii powiedział, że nie wolno pragnąć śmierci innych, ale byłam tak owładnięta swoim pragnieniem, że nie myślałam o tym w ten sposób. Po prostu chciałam, żeby go nie było.

Ja i mój pierwszy brat

Mój brat był główną ofiarą ojca. Ojciec najczęściej krzyczał na niego i bił go częściej niż innych. Urodził się półtora roku po mnie i według ojca był zakałą całej rodziny. Zorientowałam się w tym szybko i to z nim zawsze uciekaliśmy na schody.

W lecie było ok. Zimą, szczególnie w nocy, już trochę gorzej. Nigdy przez to nie spałam spokojnie, zawsze na czuwaniu. Brat często płakał, moczył się w nocy, dla ojca był porażką. Dla mnie był kochanym bratem. Bał się ojca tak jak ja, ale to w końcu on ojca uderzył. Wstąpiły w niego siły, o których posiadaniu nawet nie wiedział, ale o tym potem.

Nazywam go pierwszym, bo jest najważniejszy. Obronił nas, choć sam do końca nie wiedział, jak to się stało. Był ofiarą, a stał się moim obrońcą, bohaterem.

Sam zaczął próbować pić alkohol, mając piętnaście lat, z kumplami. Ale po tym, co się wydarzyło, nie pije w ogóle. Mówi, że już nie tknie alkoholu. Pytam go nieraz, czy ma wyrzuty, odpowiada, że nie. Zgodził się pójść na terapię, bo bał się, że kiedyś uderzy swoje dziecko, jak zostanie ojcem.

Ma dziewczynę, ona zna całą naszą historię. Brat ma na imię Wojtek. Zrobił maturę, studiuje psychologię. Pomagamy sobie i często rozmawiamy. Martwię się o niego najmniej. Jest mądry, da sobie radę. Pamięta ojca takiego, jaki był dla nas. Nie usprawiedliwia go w żaden sposób i nie udaje, że był inny. Kiedyś obydwoje nosiliśmy w sobie dużo złości na nasze życie. Wydawało nam się, że to jest stygmat, który widać od razu, kiedy się na nas patrzy. Ale to nie jest prawda. Nie jest łatwo żyć z pręgami po biciu, ale jeszcze trudniej wtedy, gdy się udaje, że ich nie ma. Obydwoje potrafimy o tym spokojnie rozmawiać. Kiedyś jedna z naszych dalekich ciotek głośno zastanawiała się, jakim trzeba być dzieckiem, aby nigdy nie przyjść na grób ojca. Brat odparł, że może warto odwrócić pytanie i zapytać, jakim było się rodzicem, że dzieci nawet znicza na grobie nie chcą zapalić…

Mój brat jest dla mnie przykładem, że z najgorszego bagna można wyjść. Bardzo szanuje swoją dziewczynę, jest dobry i opiekuńczy. Nie ma łatwo. Kiedyś „tatuś" rzucił w niego szklanką, która pękła na jego twarzy. Ślady nosi do dziś. Ile razy patrzy w lustro, tyle razy widzi, co zrobił mu ojciec. Ale tak jak i ja już nie pyta dlaczego. Raczej jesteśmy ciekawi, co dalej z naszym życiem, jak je sobie ułożymy, czy uda nam się całkiem zagubić w sobie ojca despotę.

Ja i mój drugi brat

Pojawił się jako trzecie dziecko. Teraz, jako dorosła, wiem, że z kolejnego aktu przemocy. Bo inaczej nie można nazwać tego, co było między rodzicami. Mama dała mu na imię Janek. Ojcu było to obojętne. Wychowywałam go ja. Uczyłam chodzić, jeść, przestać używać pieluszek. Mama była już wtedy zamknięta, nastawiona na unikanie ciosów, nie na wychowanie dzieci. Miewała momenty, że siedziała w jednym miejscu jak porażona, jakby czekała na uderzenie. Znikała w sobie, odmawiała życiu prawa. Chciała być niewidzialna.

Drugi brat był milczący, spokojny, mało płakał, jakby czuł, że musi być cicho, bo tylko wtedy ma szansę nie obudzić niedźwiedzia. Stary niedźwiedź mocno śpi – ta dziecięca zabawa była naszym koszmarnie realnym życiem. Kiedy niedźwiedź się budził, łapał tego, kto szybko nie uciekł, i tłukł. Jeszcze długo potem, gdy słyszałam tę piosenkę, czułam, jak przeszywa mnie dreszcz strachu, i nie mogłam się ruszyć.

Mój drugi brat, chroniony przez nas, był od zawsze milczący. Do dziś trudno od niego cokolwiek usłyszeć. Życie nie znosi pustki. Jak czegoś nie widać, to jest, ale gdzieś głęboko schowane. I taki właśnie jest on. Mimo że go chroniłam, jak mogłam, wiedział, co się dzieje, ale sam stał się niewidzialny. Nawet gdy był bardzo przerażony, nie płakał. Był cichy i niczego od nikogo nie chciał.

Dziś jest sam. Trudno mu nawiązać kontakt z innymi dorosłymi oprócz rodzeństwa. Dzwonimy do siebie, rozmawiamy, widujemy się często. Nie wchodzi w żadne bliższe relacje. Ciągle jest jakby trochę nieobecny.

Uwielbia słuchać muzyki i oglądać dobre kino. Dużo też czyta. Mogę nawet powiedzieć, że książki to jego pasja. Chyba w świecie prozy czuje się najlepiej.

Kiedy TO się stało, był w domu. Siedział w pokoju i czytał. Nie widział wszystkiego, ale słyszał. Wie, co się stało. Długo wtedy w nocy płakał.

Teraz wiem, że mój brat to dziecko we mgle. Chociaż wszystko przeżywał, niestety nie umiał tego pokazać, a jego samotność w tym wszystkim była ogromna, jej rozmiar trudno ogarnąć. Chciałabym mu pomóc, ale trudno do niego dotrzeć. Nie potrafi do dziś wyjawić swoich potrzeb, jest mu wszystko obojętne. Jest zaradny, tylko pozbawiony chęci do życia. Nigdy nie pił i jakoś specjalnie nie ma na to ochoty. Zdecydowanie lubi samotność.

Moja mała siostrzyczka

Moja mała siostrzyczka, kiedy TO się stało, miała może pięć lat. Bardzo mało mówiła, była zupełnie wycofana. Dziś jest już po nauce w szkole specjalnej, nie czyta, dalej mało mówi, przebywa w swoim świecie. Nikt nie wie, w jakim stopniu pamięta ojca. Nigdy go nie rysuje, nie pokazuje na zdjęciu, kiedy czasem oglądamy stare albumy Lubi jeść i widać, że sprawia jej to radość. Cieszy ją też muzyka, wtedy się ożywia i błyszczą jej oczy. Jest najbardziej widoczną ofiarą tego, co było w domu, bo po niej nawet fizycznie widać chorobę. Jest niepełnosprawna. Zrobiłabym dla niej wszystko i staram się codziennie ją widzieć. Bardzo lubi, kiedy przychodzę i zabieram ją na spacer. Często, kiedy ją obserwuję, zastanawiam się, jakie myśli są w jej głowie. Łapię ją czasem na tym, jak skupia na czymś uwagę, na kwiatku, kocie biegającym po podwórku, czyimś opowiadaniu. Wtedy jakby stawała się innym człowiekiem. Wydaje się, że myśli, że chce coś powiedzieć, ale nigdy się tak nie stało. Na jej życie złożyło się wiele trudnych chwil. Pijaństwo ojca, które przed jego śmiercią było coraz większe i gorsze w skutkach, i porzucenie przez matkę, z czego zdałam sobie sprawę dopiero niedawno. Matka w ogóle się nią nie zajmowała. Od niemowlaka robiłam wszystko ja. Ojciec raczej nie zwracał na nią uwagi, zresztą była od zawsze naprawdę cicha. Myślę, że sąsiedzi chyba nawet nie wiedzieli, że pojawiło się u nas kolejne dziecko. I to jest chyba najokrutniejsze. Rodzisz się, a ludzie obok nawet tego nie zauważają.

Od urodzenia była bardzo słaba i taka malutka, jakby niedożywiona. Matka nawet teraz nie próbuje nawiązać z nią kontaktu. Myślę, że moja mała siostra miałaby lepiej w jakimś ośrodku. Podobno są teraz takie naprawdę porządne dla dzieci. Muszę popytać w opiece.

ŚRODOWISKO

Szkoła podstawowa

Szkoła to był koszmar. Ciuchy biedne, często brudne, zadania wiecznie nieodrobione, brud za paznokciami. Po prostu nikt mnie nie nauczył, że trzeba się myć, dbać o siebie. Mama dbała o ojca, a ojciec dbał o picie. My dbaliśmy o siebie.

Najgorzej było, jak pani kazała się ustawić parami, a ze mną nikt nie chciał. Byłam jak trędowata. Albo ten ciągle długi rękaw, żeby zakryć siniaki. Nigdy też nie chodziłam do koleżanek do domu, bo potem musiałabym zaprosić którąś do mnie, a to było niemożliwe.

Najbardziej wyzywał mnie syn nauczycielki. Kiedy raz się poskarżyłam, bo naprawdę mocno mnie uderzył, usłyszałam, i to od samego dyrektora szkoły, żebym patrzyła na siebie. Byłam zdecydowanie dziewczyną do bicia i popychania. Nikt mnie nie nauczył, jak dbać o siebie, jak być dziewczynką.

W szkole wszyscy wiedzieli, co jest u nas w domu, ale przecież połowa dzieciaków tak miała. W co drugim domu ojciec pił. Jeżeli nie w większości. Tylko nie wszędzie były takie awantury i bicie. Ale to nie miało znaczenia. To były sprawy domowe, a nie szkolne.

Miałam ksywę „Ospa" choć wcale nie miałam krostek. Ale mogłam zarazić wszystkim, przede wszystkim swoim strasznym życiem. Wciągnąć kogoś w błoto, w którym siedziałam. Nikt nie pomyślał, że może należy mnie i mojemu rodzeństwu pomóc. Agresji wobec mnie dzieci uczyły się w swoich domach. Miały nakazane, żeby się ze mną nie bawić. Dziś mój główny oprawca sam ledwo stoi pod sklepem. Wciągnęło go. Ale nie odczuwam z tego powodu satysfakcji. Na moje nieszczęście szybko urósł mi biust. I wtedy zainteresowali się mną nie tylko rówieśnicy.

Podwórko

Nasz świat to było podwórko. Tutaj nie było jak w szkole. Najlepszy był ten, kto dawał radę. A myśmy dawali. Z braćmi stanowiliśmy najlepszy skład. Tutaj wielu chciało z nami trzymać. Po tylu awanturach i siniakach nic nas nie mogło przestraszyć. Na trzepakach byłam nie do pokonania, zupełnie jakbym nie bała się śmierci. Bracia w biegach byli jak rasowi maratończycy. Nikt im nie dorównywał. Tu mieliśmy ogromne pole do popisu, a nasze talenty miały wielkość góry nie do zdobycia. Mieliśmy też jakąś dziwną odporność na urazy. Kiedyś spadłam z trzepaka tak, że z uszu poleciała mi krew. To było lato, więc mogłam spokojnie przeleżeć pół dnia na trawie. Gdybym poszła do domu i poskarżyła się, nic by to nie dało. Nikt się nami nie interesował. Bracia przynieśli mi wody i zaglądali do mnie. Dorośli, którzy przechodzili obok, w ogóle się nie zainteresowali. Od zawsze byliśmy nikim. Wieczorem w domu wymiotowałam i spałam. Tamtego dnia ojciec wrócił mocno pijany i dzięki temu nikomu się nie dostało. Było cicho i spokojnie. Długo miałam dziwne poczucie, że nie ma mnie tam, gdzie jestem, że jestem gdzieś obok. Nawet nie pomyślałam, żeby mówić o tym mamie.

Brat Wojtek ma do dziś pamiątkę z podwórka. Kiedyś, bijąc rekord jazdy na rowerze, przewrócił się i przekoziołkował na trawę. Dostał brawa jak w cyrku, ale przez trzy tygodnie okrutnie bolała go ręka. Nikt nie poszedł z nim do lekarza, a rękę ma do dziś krzywą. Po kilku latach lekarz, badając go przed wojskiem, zapytał, kto mu składał kości po złamaniu. Oczywiście nikt. Bolało, owszem, ale nas zawsze bardziej bolało to, co w środku. Rany fizyczne nie były nam straszne.

Koleżanki

Miałam wiele koleżanek. Znałam życie jak mało kto, potrafiłam przeklinać, miałam wielu kolegów, bo miałam braci. Jednak nie miałam przyjaciółki. Byłam dla wielu zakazanym owocem. Mało kto mógł się ze mną bawić, bo nie byłam z dobrego domu. Byłam jak ospa, która może zarazić. Nikt nie chciał być taki jak ja. Jednak to, co zakazane, jest zawsze bardzo chciane. Koleżanki były piękne, czyste, miały zawsze ciepły obiad w domu i rodziców reagujących na każde ich zawołanie. Chodziły na wspólne zakupy, gotowały z mamami, przeżywały wspólne przygody z ojcami. Nikt nie lubił takich jak ja. Znalazłam w końcu koleżankę, która miała podobnie jak ja. W piątej czy szóstej klasie wprowadzili się do bloku obok. Ojciec też był pijak, jak mój, i też z silną ręką. Spędzałyśmy dużo czasu ze sobą. W szkole średniej trochę się to poluzowało, jednak ciągle łączyło nas to, co było w naszych domach, a przede wszystkim wstyd z tym związany. Świadomość, że każdy wszystko wie, ale udaje, że jest dobrze, nie pomagała nam w pokonaniu wstydu. W naszych głowach domy były cudowne, dokładnie takie, jakie chciałyśmy, żeby były. Wyobrażenia o kochających rodzicach pozwalały nam przetrwać, a udawanie kogoś innego każda z nas zapewne nosi w plecaku do dziś. I choć dziś wiem, że to, co spotkało mnie, może być moim zasobem, czymś, co daje mi siłę, to wiem też, że praca nad tą świadomością była jak wspinaczka na najwyższy szczyt.

Spotkałyśmy się po kilku latach. Wiem, że ta moja jedyna koleżanka została pielęgniarką. Jest sama. Nie chce być z nikim. Każdy facet jest odbiciem jej ojca.

Biust

Kiedy urósł mi biust i nie powiem, był dość spory, zainteresowali się mną koledzy ze starszych klas. Bywało, że mnie szarpali albo po prostu bezkarnie dotykali.

Kiedyś złapali mnie czterej i, trzymając mnie mocno za ręce, podnieśli mi bluzkę. Żartowali i śmiali się. Ja zastygłam w bezruchu i nie broniłam się. Miałam tyle ran na ciele, że jedna więcej czy mniej nie robiła na mnie wrażenia. Kiedy podnieśli bluzkę i zobaczyli siniaki, przerazili się. Może nie wiedzieli, że ciało tak się zmienia, kiedy jest dotykane zbyt mocno. Zostawili mnie natychmiast, jakbym była trędowata. Potem w szkole już nikt mnie nie dotknął. Nachalność ojca uratowała mnie od ataków innych. Tak jakby mnie sobie oznaczył: „moje, nie rusz".

Od tamtego dnia jeden z nich ciągle na mnie patrzył. Ale co dziwne, na mnie, nie na moje bluzki. Łapałam jego spojrzenia na każdej przerwie. Byłam w szóstej klasie, on był w ósmej. W końcu podbiegł do mnie, kiedy wychodziłam ze szkoły, i przeprosił za tamto. Od tego dnia odprowadzał mnie ze szkoły do domu.

Tato też zauważył, że dojrzewam i staję się kobietą. Zasłaniałam się, jak mogłam. Ukrywałam siebie i swoje ciało. Ale to nie pomagało. Kiedy TO się stało, ojciec kolejny raz dotykał mnie, a ja jak zamrożona nie robiłam nic. I wtedy do pokoju wszedł brat.

Łazienka

Łazienkę mieliśmy taką zwykłą, jak to w bloku. Wanna, umywalka, ubikacja. Każdy z nas musiał się myć dość szybko, bo gdyby tak ojcu zachciało się nagle wejść, byłby problem. On rządził w domu i miał we wszystkim pierwszeństwo. Kiedy urosły mi piersi, zaczęłam się zamykać w łazience. Wstydziłam się

kobiecości, tak samo zresztą jak całego swojego domu. Któregoś dnia tato zaczął się dobijać do łazienki, kiedy się myłam.
W końcu udało mu się wejść, gdy w pośpiechu się wycierałam.
Każdy w domu schował się, gdzie mógł. Ojciec usiadł na ubikacji i powiedział, że mam się jeszcze raz wytrzeć. Patrzył, jak
to robię, i nic nie mówił. Kiedy się ubrałam, kazał mi się jeszcze raz rozebrać i umyć. Stanął i zaczął się bawić tym, co miał
w spodniach. Na początku byłam przerażona, zachciało mi się
wymiotować i musiałam zrobić coś, żeby do tego nie doszło,
bo pomyślałam, że wtedy chyba by mnie zabił, więc przestałam zwracać uwagę na to, co robi. Po prostu zastygłam i robiłam wszystko jak nakręcona maszyna. Kiedy skończył, włożył
spodnie i wyszedł do pokoju, a ja zwymiotowałam do ubikacji.
Od tamtego dnia robił to bardzo często. Zaczęłam zatem ćwi-
czyć nieobecność i nieczułość. Ćwiczyłam się w niewidzeniu
tego, co się dzieje dookoła mnie. Ktoś coś mówił, a ja ćwiczyłam
się w tym, aby tego nie słyszeć, jakby mnie tam nie było. Wtedy tylko to mi pomagało. Byłam, ale mnie nie było. I chociaż
czułam, uczyłam się nie czuć. I wyćwiczyłam to do perfekcji.
Do dziś mam obsesję zamykania drzwi łazienki na klucz.

ŚWIĘTA

Sobota

Sobota cieszyła wszystkich wokół. Było wolne od szkoły, można było pospać. Dla mnie i dla mojej rodziny taki wolny dzień był koszmarem.

Ojciec od rana sobie popijał, a najgorsze było to, że trzeba było siedzieć z nim w domu i sprzątać. Albo przynajmniej robić coś w tym stylu.

Odkurzanie, ścieranie kurzy, podlewanie kwiatków. Wróg czaił się wszędzie. Jego oczy widziały więcej niż to, co było. Patrzył i wymyślał.

To był dzień, kiedy zawsze ktoś dostał po łbie, tak dla zasady. Atak mógł być w każdej chwili. Ryzyko było zawsze – jak chodzenie po linie.

Ale podobnie jak inni, my też czekaliśmy na sobotni wieczór. Bo zawsze w końcu ojciec gdzieś szedł i wracał późno. Nikt nie wiedział gdzie, ale to w ogóle nie było ważne. W myślach lubiłam tych ludzi, którzy chcieli z nim spędzać ten „imprezowy" wieczór. Dzięki temu można było pooglądać coś w telewizji. Kiedy jego nie było, mieliśmy najpiękniejszy wieczór w tygodniu. Wracał na kolanach, często brudny, w mokrych spodniach. Nie miał siły mówić. Leżał w przedpokoju, a gdy już mieliśmy pewność, że się nie obudzi, nieśliśmy go do łóżka. Był spokój. Takie sobotnie rytuały.

Rosół

W niedzielę musiał być rosół z makaronem. Choćby nie wiem co, mama musiała wykombinować coś, co można by wsadzić do garnka, żeby powstała ta niedzielna zupa. Rosół w niedzielę był tak samo pewny jak to, że ojciec będzie pił.

Dla niego to był znak, że jesteśmy porządną rodziną, bo w porządnej rodzinie w niedzielę jest na obiad rosół. To był fundament rodziny, podstawa egzystencji, trwałość więzi. Choćby nie wiem jak mocno w tygodniu nas bił, ile razy przychodził do mojego pokoju, żeby kazać mi się rozbierać, jak bardzo rzucał po ścianach matką, darł się na nas i ile krzeseł połamałby na bracie, to rosół w niedzielę miał świadczyć o tym, że jesteśmy porządną rodziną. To było jak port dla zagubionego statku. A przy okazji iluzja dobrego życia.

W niedzielę ojciec siedział w domu. Długie lata chodził do kościoła i nas tam gonił, ale potem jakoś przestał. Pił do rana gdzieś, z trudem wracał do domu i potem spał. Musiało być w domu cichutko. Słychać było tylko, jak ten rosół bulgocze.

Dziś nie jem rosołu w ogóle. Jego zapach przypomina mi o moim domu i o tej ciszy ze strachu, żeby nie obudzić ojca.

Sylwester

Tato nigdy nie obiecywał, że przestanie pić albo że zaczniemy żyć inaczej. Długo myślałam, że to jest normalne życie, że tak właśnie żyje się wszędzie. Baliśmy się, jak wracał z pracy, jego kroki już na klatce były dla nas przerażające, mało snu, wstyd, nasza bezsilność i bezczynność matki. Ot, polska rodzina. Żyliśmy w cieniu butelki i w ciemności strachu.

Ale jeden sylwester spowodował zmiany, rozpoczął nasz marsz cieni w stronę światła.

Ojciec tego dnia nie szedł do pracy, pił od rana i oglądał jakiś program w telewizji. Dziś jeszcze nikogo nie pobił, ale to wisiało w powietrzu. Siedział w letnim podkoszulku i w spodniach. Jadł flaki i popijał z kieliszka. Zawołał mnie i rozkazał, abym poszła po chleb, daleko, do delikatesów, jakieś trzy kilometry od nas, bo matka oczywiście nie kupiła chleba, a koło nas nigdzie już nie będzie. To był już ten czas, kiedy matka była totalnie bezwolna, zajmowała się już tylko jego piciem, a najczęściej niczym.

Zimno było, ale zawsze to lepiej niż siedzieć w tym domu, więc poszłam.

Kiedy doszłam do tego dużego sklepu, zobaczyłam coś, co zmieniło moje życie: wielkie zdjęcie nad skrzyżowaniem, na którym była pobita dziewczyna, taka jak ja, z napisem „Bo zupa była za słona", a na dole informacja, że nikt nie ma prawa stosować przemocy i że jeśli wiem o takiej, powinnam zgłosić to na policję.

Stałam jak zaczarowana przed tym zdjęciem. Właśnie dotarło do mnie, że to, co robi mój ojciec, mogę gdzieś zgłosić. Jeszcze nikt, żaden sąsiad, żadna pani w szkole, nawet pielęgniarka, która widziała tyle razy moje siniaki, mi tego nie powiedział. A przecież nikt, kto jak ja i moja rodzina żyje z oprawcą i karmi go zupami, nikt, naprawdę nikt, nie chce tak żyć.

I od tego sylwestra zaczęłam zmieniać się ja i cała moja rodzina. Bo nawet w najgorszym domu, kiedy chociaż jedna osoba zaczyna się zmieniać, powoli zmieniają się także inni. Tak zaczęło kiełkować to, co nastąpiło później.

Opowieść noworoczna

Mój pierwszy chłopak był z naszego osiedla. Byłam wtedy w pierwszej klasie liceum. Pamiętam, że dość szybko chciał przechodzić do rzeczy, ale ja nie odpowiadałam na jego zachęty. Na moim ciele było tyle siniaków, że było mi po prostu wstyd. Nawet w największe upały nie chodziłam z krótkim rękawem.

Chciał, żebyśmy spędzili razem sylwestra.

Ale w sylwestra byłam w domu, musiałam pilnować ojca, chronić rodzeństwo i matkę. W Nowy Rok mieliśmy się więc spotkać na imprezie posylwestrowej. Był starszy o trzy lata.

Trochę znał moją sytuację. Na osiedlu każdy wiedział, że mój ojciec to skończony pijak.

Impreza była u jego kolegi, też na osiedlu. Kiedy przyszłam, wszyscy już byli trochę wypici, zresztą być może nikt nie trzeźwiał od wczorajszej nocy, mój chłopak też. Usiadłam, gdzie było wolne miejsce i... zesztywniałam. Kiedy zobaczyłam, jak piją, jak się bawią, jak coraz głośniej mówią, poczułam, że nie mogę się ruszyć. To wszystko było poza mną.

Zobaczyłam w nich ojca i poczułam strach o to, co w domu, czy ojciec nie szaleje, bo mógł się obudzić. Mój chłopak usiadł koło mnie i zaczął się śmiać, że jestem taka sztywna i cnotliwa, a dziś Nowy Rok i trzeba się bawić. Chwycił mnie mocno i chciał położyć. Koledzy go zachęcali. Poczułam, jakby mnie nagle uruchomił i wyrwał z odrętwienia. Odepchnęłam go, złapałam kurtkę i wypadłam na podwórko. Zaczęłam biec co sił do domu. Po drodze zatrzymałam się i zwymiotowałam wszystko, co zjadłam tego dnia.

Nigdy już nie spotkałam się z tym chłopakiem. I bardzo długo z żadnym. On też jakoś nie starał się spotkać ze mną.

TEN JEDEN DZIEŃ

Stół

Ojciec uważał, że w prawdziwym domu musi być stół. Był u nas kiedyś taki prawdziwy, duży ciężki stół. Zdarzyło się, że ojciec go przewracał, tłukąc wszystko, co na nim było. Bywało też, że zasnął na nim.

Blat stołu był bardzo twardy. Wiele razy moja głowa lądowała na nim, a bywało, że przyciskał mi do niego twarz i krzyczał, jaka jestem niedobra. Wtedy w czwartek, kiedy już nabrałam kobiecych kształtów i patrzenie, jak się rozbieram, mu nie wystarczało, położył mnie na tym stole, przytrzymał twarzą do blatu i zaczął ściągać mi spodnie. Wydawało się na początku, że chce mnie zbić, ale to było coś zupełnie innego. Moja mała siostra patrzyła przez uchylone drzwi, a mama zamknęła się w pokoju.

– Zaraz cię nauczę rozumu! – krzyczał i zaczął majstrować przy swoich spodniach. Chciałam jedynie tego, żeby już było po. Zawołałam mamę i musiałam to robić bardzo rozpaczliwie, bo wpadła do pokoju, ale wtedy właśnie do domu wrócił brat.

Odepchnął ojca, który wpadł w szał. Przewrócił stół i wyłamał
jego nogę. Musiał mieć dużo siły. To naprawdę był masywny stół.
Chciał nas tą nogą pobić. Krzyczał, mama też zaczęła krzyczeć,
pierwszy raz. Skoczył do matki i wtedy mój brat popchnął go na
ten przewrócony stół. Ojciec upadł i zaległa cisza, jakiej nigdy
dotąd nie było w moim domu. Nikt nic nie mówił. Staliśmy nad nim i nikt go nie chciał
ratować. Po kilku minutach mama powoli wyszła do sąsiadki,
żeby zadzwonić po pogotowie. Siedzieliśmy w kuchni i czekaliśmy, aż przyjadą. Trzymałam moją małą siostrę na rękach
i śpiewałam jej do ucha piosenkę. Nikt nic nie mówił. Ojciec był
nieprzytomny i chyba każdy chciał, żeby tak zostało do końca
życia. To było jak okno w naszym więzieniu.

Cisza

Kiedy ojca zabrali do szpitala, w domu nastała cisza. Wyrzuci-
liśmy stół i w spokoju zjedliśmy zupę w kuchni. Nikt nie mówił
o tym, co się stało. Nikt nie dzwonił do szpitala. Czy chciałam,
żeby umarł? Myślę, że tak. Chyba wszyscy tego chcieliśmy.
Cisza stała się błogosławieństwem. Koiła nasze ciała, przytu-
lała jak matka. Baliśmy się jedynie tego, że on nagle wróci i za-
cznie się mścić, choć podświadomie czuliśmy się teraz silniej-
si. Ten udany atak na oprawcę dodał nam pewności. Wszyscy
zjednoczyliśmy się przeciw niemu. I naprawdę nikt nie chciał,
żeby go tam naprawili.

Mój pierwszy brat był spokojny, a kiedy drugi wrócił do domu i dowiedział się, co się stało, w ogóle tego nie skomentował. Mama zadzwoniła do brata ojca i powiedziała, że zabrało go pogotowie, bo upadł. Całkowity spokój. Żadnej paniki.

Na drugi dzień nie pojechała tam, ale dowiedziała się przez telefon, że ojciec nie stanie już na nogi, a jego wątroba, nerki i mózg nie są zupełnie zdrowe. Przyznam się, że to była radość. Wiedzieliśmy, że nic nam już nie zrobi. Tato zamienił się w kłodę, leżał tylko i patrzył w jeden punkt. Mama pojechała do niego do szpitala na trzeci dzień. Nie robiliśmy przedstawienia, że kochające dzieci odwiedzają tatusia. Byliśmy wolni.

Po kilku dniach do domu przyszła policja. Wolność to drogi towar.

Modlitwa

Pojawienie się policji w naszym domu wzbudziło trochę zamieszania. Chcieli wyjaśnić, co się stało. Stan ojca – pijaka był ciężki i jakoś doszli do tego, że sam nie upadł, ale został popchnięty. Zaczęli zadawać rutynowe pytania.

Nikt nie udawał, że było inaczej. Chyba pierwszy raz. Brat ojca popchnął, bo ten chciał mi zrobić krzywdę, tak, bił nas od zawsze, w szkole nikt nic nie widział albo może inaczej, nie zwracał uwagi, tak, chciałabym, żeby nie wrócił, mama też się bała. Nikt nikogo nie oskarżył.

Wtedy w końcu usłyszałam, jak mówię, że chciałabym, żeby umarł. Mogłabym nawet iść do więzienia za to lub oddać życie, żeby go już tu nie było. Nikt nie zaproponował nam opieki psychologa. Czekaliśmy, czy przeżyje, i żyliśmy nadal w strachu, że wróci. Wejdzie nagle do domu i będzie jeszcze gorzej. Dla policji to jeszcze jeden pijak, dla nas kat.

Po kilku dniach okazało się, że ojciec leży i już nigdy nie wstanie i że jest jakby sparaliżowany. Na razie nie mówi, nie reaguje. Miałam nadzieję, że może trochę wie, co się z nim dzieje, a ta niemoc jest największą karą. Ale nie wiem do dziś, czy wiedział cokolwiek.

Tylko mama chodziła do szpitala, a ja zaczęłam się modlić o jego śmierć. Nie chciałam go więcej widzieć, chyba że w trumnie. Ale na pogrzeb złośliwy los kazał nam czekać.

Pączki

Nie jest łatwo na początku. Ojca przywieźli do domu w środę. Leżał na łóżku i patrzył w jeden punkt. Albo wołał, że trzeba mu pomóc. Choć raczej to był krzyk, bez ładu i składu. Chyba chciał, żeby się nim zajmować, a my chcieliśmy żyć, jakby go nie było.

Sytuacja była dla nas zupełnie nowa. Co czułam? Może lepiej opiszę, jak zaraz w drugi dzień usiadłam w tym pokoju, gdzie leżał, i w spokoju, jaki następuje po burzy, zjadłam pączka. Patrzył na mnie, a ja, jedząc, powiedziałam, że mam nadzieję, że już nigdy nie wstanie. A jeśliby nawet miał taki zamiar, to znajdziemy sposób, żeby tego nie robił. To był tłusty czwartek. Pączki dostaliśmy od sąsiadki. Bo nagle wszyscy zaczęli nam pomagać. Po tygodniu przyszła komisja, żeby ojca zabrać do jakiegoś zakładu. W domu był jeszcze dwa tygodnie. Czułam, że się rozkłada od środka. Często leżał brudny, ale ani ja, ani żaden z braci nie robiliśmy nic, żeby mu pomóc. Nie umawialiśmy się na to. Samo wyszło. Mama tylko robiła coś przy nim, ale tylko wtedy, kiedy mogła. Miała mało siły i jeśli coś robiła, to chyba tylko ze strachu.

Strach czuliśmy długo. W tamtym zakładzie leżał jeszcze rok. Czasem w nocy śniło mi się, że wraca i jest tak, jak było. Ale nie wrócił nigdy.

Pragnienia a powinności

Wiedziałam, że powinnam. Wszyscy powinniśmy, ale żadne z nas, dzieci, tego nie zrobiło. Nie odwiedziliśmy go nigdy. Przez rok, kiedy obcy ludzie go myli, pielęgnowali, my życzyliśmy sobie jednego: aby nigdy już tu nie wrócił. Podrywaliśmy się na dźwięk telefonu, bo każde z nas bało się, że stał się cud i „tatuś" wróci zdrowy i cały. Byłam przekonana, że on ma tyle siły, że może nagle wstać i wrócić tutaj. Nikt nigdy nie powiedział tego głośno, ale chcieliśmy jego śmierci. Żyliśmy między tym, co powinniśmy, a tym, czego pragnęliśmy. Nikt nie chciał go widzieć. Mama była tam kilka razy. To była jej

powinność wobec męża. Tak to rozumiała. Nie namawiała nas,
żebyśmy jechali z nią. Może zrozumiała, że nie byłaby w stanie
nas przekonać.

Bardzo długo w swoim życiu kierowałam się powinnościami.
Musiałam wrócić do tamtego czucia, żeby to przerwać.

Ciało

To nie jest tak, że jak nie ma oprawcy, to od razu jest lepiej.
Świadomość, że ojciec leży gdzieś na łóżku i nie może się ruszać,
nie wystarczy, żeby przestać się bać.

Kroki na klatce, trzaśnięcie drzwiami, płacz dziecka, klucz
w zamku, cichy wieczór, który kiedyś zapowiadał burzę –
wszystko to powodowało ucisk w żołądku. Sama się dziś dziwię,
że nie mam wrzodów.

Myślałam, że jego odejście to koniec drogi, a to był dopiero
początek. Ciało pamięta każdy uraz. Jest jak komputer, w którym co zapisane, to jest i odzywa się nieproszone. To tak, jakby
to, co było w środku, stawało się wrogiem… Moje ciało.

Pamięć ciała

Pamięć ciała jest zupełnie inna od tej, którą posługujemy się
na co dzień. Rozum już wiedział, że ojciec nie wróci, ale ciało
nie. A ja o tym dowiedziałam się dość szybko.

W kolejny spokojny dzień budowania życia bez ojca, kiedy jeszcze leżał w ośrodku, ale już coraz lepiej wiedzieliśmy, że do nas nie wróci, sąsiedzi nad nami kupili meble i nieśli je po schodach. Dwóch mężczyzn ledwo szło, niosąc wielką szafę. Wszystko to słyszałam, te zbliżające się kroki, rozmowy, hałas. Kiedy zatrzymali się blisko naszych drzwi, zamarłam. Wiedziałam, że to nie on, ale ciało się bało. Nie mogłam się ruszyć ze strachu. Gdyby szarpnęli klamką, moje serce wypadłoby ze mnie. Jeszcze długo siedziałam bez ruchu. Czułam lekkie drżenie i przyspieszony oddech. Kiedy w końcu wróciłam do siebie, już wiedziałam, że łatwo nie będzie. Agresja zniknęła, ale jej skutki trwają. I tu zrobiłam błąd. Wypiłam kieliszek i problem znikł...

Kieliszek

Po wypiciu kieliszka wódki, aby stłumić strach, moje ciało zachowało się zupełnie inaczej niż u większości ludzi na świecie. Nie poczułam rozlewającej się po całym ciele nadziei na lepsze lub jakiejś dziwnie pojętej rozkoszy. Poleciałam do łazienki i zwróciłam wszystko, co miałam w środku.

Moje ciało, które tyle wycierpiało przez alkohol, nie znosiło wódki. Uważało ją za truciznę. Nie byłam jak mój ojciec.

– Nie pij nigdy więcej, bo szkoda twoich jelit – odparł brat starszy.

Na szczęście żałował mnie, a nie zmarnowanej pięćdziesiątki.

Dziś myślę, że to mnie uratowało, bo gdyby ten kieliszek mnie uspokoił, to już bym przed wódką nie uciekła. Nigdy więcej nie wypiłam wódki, a sam zapach przypominał mi o zapachu pijanego ojca.

Wiem też, że tamtego dnia najprawdopodobniej mało zjadłam, a wódkę wypiłam jednym haustem, bez popicia, więc zanim zbuntowały się jelita, krtań zaskoczyła i szybko powiedziała nie. Mogłabym spróbować to pokonać, ale nie chciałam. Po tamtym wydarzeniu zaczęłam słuchać swojego ciała.

Paprotka

W szkole podstawowej wszyscy wiedzieli, że ojciec nas katuje. Liceum było inne. To nie była szkoła osiedlowa, tylko zbiorowisko różnych ludzi. Kiedy ojciec zmarł, w nowej szkole składano mi kondolencje. A ja chciałam skakać z radości. Klasa była na pogrzebie, kupili nawet wieniec, bo niby skąd mieli wiedzieć, że dla mnie to zdecydowanie powód do radości. W normalnych rodzinach wszyscy płaczą za ojcem. Nam ulżyło.

Po pogrzebie jakieś wujki, nieznane ciotki, których nigdy nie było, żeby pokazać nam, dzieciom, inne życie, chcieli do nas przyjść. Mama jednak milczała. Nikogo nie zapraszała. Wróciliśmy do domu i usiedliśmy w kuchni.

– Moja paprotka wysycha. – Absurdalne zachowanie, jednak właśnie to były pierwsze słowa mamy po pogrzebie jakby nie było swojego męża.

I zabrała się do podlewania kwiatków.

– Musimy zrobić malowanie – odparła, kiedy wróciła do kuchni.

Bo życie trzeba zmieniać tak zwyczajnie, zaczynać od zmiany kolorów na ścianie. Życie nie zmienia się tak od razu. To wymaga cierpliwości. Kiedy się buntujesz albo gdy znosisz z pokorą krzywdę, to zawsze dzieje się w czasie. Pies, który stale był na łańcuchu, nie umie od razu biegać, boi się, nie zna nowej sytuacji. Taka była wtedy nasza rodzina. Strach przed biciem mijał, ale nie było siły do biegu. Zmaltretowane myśli i obite ciało muszą mieć czas.

Tego dnia sąsiadka przyniosła nam bigos z ziemniakami. To była najbardziej realna i potrzebna pomoc. Płacz przychodzi sam, smutek, żal, złość i strach też nie potrzebują zaproszenia. Ale po prostu trzeba coś zjeść. Ciepły obiad przypomina o życiu. Zachciało nam się żyć.

Zaczęłyśmy od generalnych porządków w domu. Bo jak inaczej posprzątać w życiu… Nigdy nikt nie płakał po ojcu. W mojej głowie długo pojawiał się płacz, tak długo niewypłakany, nieprzeżyty. Ale to był płacz po sobie, po tym, co przeżyłam.

Drożdże w słoiku

Bywały dni, kiedy wszystko ciągle mnie wkurzało. Każde słowo, każdy gest. Byłam wtedy zła i co najgorsze, czyniłam wszystko, żeby świat wokół mnie też taki był.

Miałam pretensje, że nikt mnie nie rozumie, ale tak naprawdę to ja nie chciałam zrozumieć innych. Kiedyś w takim stanie przyszła jedna z nas na grupę. Była zdenerwowana i w końcu wybuchła. Zaczęła mówić, że to bez sensu, że dziś w autobusie jechała głupia babka, a facet w sklepie był beznadziejny, szef to idiota itd.... Cały świat był zły. Wszystko było złe i my też. I wtedy prowadząca powiedziała, że nie będziemy podawać dalej tej złości, i... uśmiechnęła się. Wszystko się zmieniło. Bo kiedy ucinasz złość, wszystko jest inaczej.

Złość, która była gospodynią w naszych domach, panoszyła się w naszych kątach, a szczególnie dzieciom mieszkającym w domach złych łatwo wchodzi w krwiobieg, wychodzi po latach i rozmnaża się jak drożdże w misce. Pączkuje i jest jej coraz więcej. Chętnie ją nieraz dokarmiamy. Chleba z tego zaczynu nie będzie, ale popsuje nam resztę życia.

To była lekcja dla nas wszystkich. Nie podawaj dalej złości, zostań przy tym, jak jest, nie bierz udziału w jej pączkowaniu. Lepiej utnij w zarodku, zracjonalizuj i zobaczysz, że to nie ma sensu, bo złość niczego nie daje. Sytuacje codzienne to przecież zawsze inny człowiek. Czasem ma zły dzień, czasem został skrzywdzony albo po prostu humor mu nie dopisuje. Jeśli trafi na ciebie, to złap i nie podawaj dalej. Uśmiechnij się, przecież nie będziesz się złościł razem z nim.

Imprezy

Życie pokazuje zęby, czy tego chcesz, czy nie. W moim życiu zębów było bardzo dużo. Za każdym razem, kiedy chciałam być w jakiejś relacji, zbudować coś, od razu słyszałam wewnętrzny głos, że to bez sensu, bo i tak nie jestem nic warta. Podeptana, wypluta wartość, poranione serce, zamknięta dusza i obdarte z szacunku ciało, tak to czułam. Nie miałam dużo koleżanek. Trudno było być kimś w szkole, kiedy nauczyło się być nikim.

Mój pierwszy chłopak po śmierci ojca był zabawny, ale lubił się napić. Po jakiejś mocno zakrapianej imprezie zwinęłam się z jego życia bardzo szybko. Następny był całkiem podobny. Weszłam w czas krótkich, ale intensywnych relacji. Zaczęłam rozmieniać się na drobne, pozwalałam im na dużo, sama nie biorąc nic. Byłam przekonana, że właśnie tak to wygląda. Ogromnie chciałam być czyjaś, należeć do kogoś, być kochana.

Zawalałam szkołę, bo imprezowanie nie idzie w parze z nauką. Aż któregoś dnia zaczęłam się zastanawiać, do czego to prowadzi. Zobaczyłam starszą od siebie, może dwudziestopięcioletnią dziewczynę siedzącą na ławce z towarzystwem tak samo pijanym jak ona. Już zniszczona, choć kiedyś bardzo piękna. Pamiętałam ją z czasów, kiedy jeszcze nie bywała z nimi. I nie chciałam tak. Zaczęłam się uczyć. Czasem jedna chwila zmienia resztę pozostałych. Jakby do czystej wody wlać kilka kropel czarnej farby.

Przestałam wychodzić, imprezować, zapragnęłam zmienić życie. Coś się we mnie zaczęło buntować i zrozumiałam, że muszę zmienić życie całej mojej rodziny. Widok tej dziewczyny wstrząsnął mną na tyle, że przestraszyłam się, że tak może być ze mną. Jedyną ucieczką była nauka, bo z domu nie wyniosłam nic więcej oprócz żalu do życia.

Mama żyła na autopilocie, choć w domu było lepiej bez niego, jednak to, że zaczęła widzieć, ile lat trwała w tym bagnie, nie było powodem do radości. Obydwie robiłyśmy wszystko, żeby było dobrze. I obydwie chciałyśmy, żeby strach, tak długo trenowany w naszym domu, w końcu nas opuścił. Ale raz po raz łapałyśmy się na tym, że on ciągle tu jest.

Spotkanie

Moje życie zmieniła nie tylko śmierć ojca, ale dwa spotkania. Wtedy jeszcze nie wiedziałam, że drugi człowiek jest nam potrzebny.

Byłam w trzeciej klasie liceum i rozpaczliwie szukałam pomysłu na siebie. Do niedawna byłam córką pijaka, teraz chciałam być KIMŚ. Farbowałam włosy, pyskowałam, ubierałam się na czarno i dawałam się bezkarnie obmacywać chłopakom, bo miałam nadzieję, że to jest właśnie ten. Spotkałam wtedy nauczycielkę, która powiedziała mi, że jestem mądra i że mogę wiele w życiu dokonać bez tych wszystkich dodatkowych rzeczy jak pasemka czy prowokacyjne zachowanie. Była nowa w naszej szkole, a ja jak zwykle najpierw jej odpyskowałam. Poprosiła, abym została, i zamiast tradycyjnie wpisać mi uwagę, zaczęła ze mną rozmawiać. Nagle stałam się dla kogoś człowiekiem. Spotykałyśmy się od tamtej pory raz w tygodniu i gadałyśmy. Takie zwykłe gadanie było bardzo dobre i niezwykle mi potrzebne. Zaczynałam skupiać się na nauce. Moja przygoda z imprezami się zakończyła, zerwałam z towarzystwem, które tak naprawdę nic mi nie dawało. Przestałam też eksperymentować z kolorami włosów, żeby świat mnie zauważył. I wtedy nastąpiło to drugie spotkanie. Takie zwyczajne, w szatni szkolnej. Chłopak o rok starszy podszedł do mnie i zapytał, czy umówimy się na spacer. Do mnie, córki pijaka, dziewczyny zbuntowanej i chcącej być na maksa. Zgodziłam się. Wcześniej pewnie bym go wyśmiała. Teraz byłam gotowa. Był zwyczajny, dlatego nie zauważyłam go wcześniej. Moje życie to były tylko skrajności. Jak żyć, to szybko i używać, jak chłopak, to ten najgorszy. No i tak zostało. Jeden, drugi, dziesiąty spacer, wspólna nauka, bal maturalny. On spokojny, mądry, ja krzykliwa i pełna skrajności.

Dziewczyna z bagna

Chciałam być tak dobra jak on, ale nie umiałam. Kiedy było za spokojnie, denerwowałam się. Chciałam to rozwalić, bo nie umiałam inaczej. Krzyczałam o byle co, robiłam awantury i zachowywałam się jak wariatka. Po maturze złożyłam papiery na studia. Chciałam z nim wspólnie żyć, ale nie umiałam.

Miałam żal, że on był z takiej dobrej rodziny, a ja z bagna. Tak się właśnie czułam. To bagno ciągle we mnie było. Brudziłam nim wszystkich dookoła. Wiedziałam, że muszę coś z tym zrobić, bo nie będę nigdy naprawdę żyć. Zostanę w tym błocie. Temat dorosłych dzieci alkoholików pojawił się jak przyciąganie w przyrodzie. To już tak jest, że kiedy czegoś pragniesz, to prędzej czy później się pojawia. Nikt nie zostaje zostawiony sam sobie. Problem w tym, aby zauważyć to, co się dzieje, powiedzieć tak temu, co przechodzi gdzieś obok. Zaczęłam odczuwać ogromną potrzebę naprawy tego, co jest we mnie zepsute. Przeczytałam gdzieś ogłoszenie, że jest taka grupa wsparcia. I poszłam. Wóz albo przewóz.

TERAPIA

Jestem, bo mogę

Pierwsze spotkanie było bardzo dziwne. Wiele osób się znało, ja byłam nowa. Nigdy nie czułam się pewnie, a co dopiero, kiedy nikt mnie nie znał i patrzył na mnie. Na szczęście nikt mnie nie zmuszał do mówienia. Mówili o wybaczaniu, o tym, że jest we mnie skrzywdzone dziecko. Kilka osób płakało, ja nie mogłam. Po spotkaniu podeszła do mnie kobieta, która je prowadziła.

– Cieszę się, że przyszłaś – powiedziała.

– Ja jeszcze nie wiem. Ale wiem, że musiałam tu przyjść.

– Przyszłaś, bo możesz. To jest ważne. Każdy z nas ma sporo do zrobienia. Różnie nam idzie, ale jesteśmy.

W domu miałam mieszane uczucia, ale z przekory poszłam znów. Weszłam na nową drogę.

Kameleon

Na jednym ze spotkań młoda dziewczyna, która była tam dłużej niż ja, zaczęła opowiadać, że długo nie umiała płakać, i wtedy zdałam sobie sprawę, jak mało płakałam. Mimo tak trudnego życia nie umiałam zanosić się płaczem, raczej milczałam. Tak jakbym płakała gdzieś w środku.

Płacz zawsze był ukryty, nawet nie do poduszki, ale taki wewnętrzny. Zaczęłam o tym myśleć i zastanawiać się, czy można tak cierpieć, że już nawet nie płakać. Pytałam siebie o to i ciągle czułam, że coś w tym jest, że to problem, jakaś blokada mojego systemu, jak w komputerze. Nie znasz hasła, nie idziesz dalej.

W końcu zdecydowałam się zadać takie pytanie na spotkaniu i okazało się, że prawie każdy tak miał. Ciało nastawione na przeżycie koszmaru postanowiło nie płakać, aby nie rozczulać się nad sobą, tylko zbierać siły do życia. Dokładnie tak jak kameleon, który dostosowuje się do otoczenia.

A kiedy usłyszałam, że już mogę płakać, że mogę w końcu rozczulić się nad sobą, to płakałam prawdziwymi łzami prawie godzinę. Wtedy pierwszy raz przytuliłam siebie wewnątrz swojego serca. To, że wyglądałam koszmarnie, nikomu nie przeszkadzało. To był przełom, wielka rzecz – pozbywanie się skóry jaszczurki. Każda łza obmywała mnie, zmywała to, co nie pozwalało mi czuć.

Pomiędzy

Mój proces zdrowienia rozpoczęłam od wybaczania małej dziewczynce, którą kiedyś byłam, a dzięki temu ja, dorosła, mogłam zacząć mierzyć się z tym, co teraz. Na pierwszy plan wystąpił mój udział w… meczu.

Życie, a przede wszystkim ludzi, oceniałam w kategoriach dobra lub zła. Podoba się całkiem albo w ogóle, robię na sto procent albo nawet nie zaczynam, białe albo czarne, całkiem jasno lub ciemna noc. I tak w kółko. Nie było nic pomiędzy. A przecież życie właśnie jest często pomiędzy. Bywa szaro, trochę ciemno albo jeszcze nie całkiem jasno. Coś podoba się trochę, w jakimś stopniu, ale nie jest brzydkie. Ktoś bywa dobry, uśmiechnięty, ale może mieć złe dni, kiedy cierpi.

Zobaczyłam, jak bardzo bycie zero-jedynkowym męczy. Nie pozwala spokojnie żyć i robić czegoś jedynie dla przyjemności. Wszystko, nawet tak małe rzeczy jak plamka na spodniach, stawały się tragedią dnia. Moje absurdalne zachowania psuły wiele dobrych chwil i to nie tylko mnie, ale wszystkim dookoła. Potrafiłam z absurdalnych powodów wpadać w złość, strzelać drzwiami, karać świat swoim milczeniem, obrażać się i przy okazji ranić innych. Uruchamiałam się nagle i wybuchałam jak wulkan.

Co najważniejsze, zaczęłam rozumieć, że świat nie jest czarno-biały, a moje powstawanie od nowa nie zajdzie w ciągu jednego dnia. Że to proces. I nie muszę być doskonała. Mogę po prostu być. Doskonałość jest dla doskonałych, których nie ma.

Odpowiedzialność

Bardzo długo wydawało mi się, że jestem odpowiedzialna za cały świat, za wszystkich dookoła i dlatego nie potrafiłam mówić nie. Wypełniałam wszystko za wszystkich. Ktokolwiek zaczynał coś robić, ja natychmiast go nadzorowałam i musiałam działać za niego.

Doskonale wiedziałam, że tylko ja mogę to zrobić. I nigdy pod żadnym pozorem nie prosiłam nikogo o pomoc. To, jak się okazało, była ochrona przed odmową, odrzuceniem i cierpieniem. Łatwiej było temu zapobiegać, nie prosząc, z myślą, że i tak nikt by tego za mnie nie zrobił.

Rezultat był taki, że zawsze byłam dyrygentką, dyrektorką, kierownikiem i tym, kto nie pozwala innym dojść do głosu. W domu czułam zmęczenie, bo wszystko musiałam robić sama. Wszędzie musiałam wszystko ogarniać. Miałam przekonanie że proszenie o pomoc to okazywanie słabości. A w żadnym wypadku nikt nie mógł wiedzieć, że ja mogę być w czymś słaba.

Kiedy w końcu się dowiedziałam, że nie dźwigam całego świata, odczułam ulgę. Ale odpuszczanie to był długi proces. Moje zdziwienie, że świat toczy się dalej i beze mnie wiele rzeczy trwa, było ogromne i na początku bolesne. Ale uzdrawiające. Zaczęłam powtarzać sobie, że ziemia nie stanie w miejscu, jeśli nie zrobię jakiejś rzeczy, cwlczyć to i o dziwo, okazywało się, że tak jest. To zdumiewające, jak trudno było mi się pogodzić z trwaniem świata.

Kontrola

Kiedy już zaczęłam powoli rozumieć, że świat jest kolorowy, a nie czarno-biały, zobaczyłam kolejną rzecz, a mianowicie, jak wielka jest moja potrzeba kontrolowania całego świata. Gdybym mogła mieć jeszcze kilka rąk, byłoby cudownie. Chciałam kontrolować siebie, swoje uczucia, swoje myśli, swoje ciało, pragnienia i wszystko dookoła.

Kontrola dotyczyła także wszystkich innych. Co robią i jak robią. Denerwowało mnie, kiedy czegoś nie wiedziałam.

– Ja tu jestem reżyserem – mówiłam i nie dopuszczałam myśli, że życie się dzieje, czy tego chcemy, czy nie.

Do szału doprowadzało mnie to, że ktoś się spóźnił, albo że coś jest nie po mojej myśli. To była tragedia dnia. Dramat, który nie pozwalał działać dalej, a przecież świat nie leży u moich stóp, nie jestem w nim najważniejsza. Do rozmiarów tragedii urastał fakt, że ktoś nagle zachorował, a ja byłam zdrowa i musiałam być zdrowa, bo przecież ktoś musi. Miałam całą gamę westchnięć, fochów, wzdrygań i wzruszeń ramion wobec obojętności świata względem mojego poświęcenia się w jego ratowaniu.

Jednocześnie miałam przeświadczenie, że kiedy przestanę stać na stanowisku kontrolera, to świat przestanie istnieć. Wszelkie niezaplanowane działania mnie rozwalały. Jakiś spontan? Nie było mowy. Dopiero kiedy przestałam i spuściłam nieco powietrza, zobaczyłam, ile zwykłej frajdy potrafi dać takie spontaniczne działanie.

Pojechaliśmy gdzieś kiedyś tak po prostu, bo mój narzeczony kupił samochód. Na początku myślałam, że ucieknę z jadącego auta. Potem wjechaliśmy do lasu i usłyszałam:

– Wysiadaj i po prostu tu pobądź.

I to był piękny czas. Nic się takiego nie stało. I to było najpiękniejsze. Łaziłam między drzewami i świat trwał sobie dalej. Był taki sam, zanim przyjechaliśmy, a potem też taki będzie. Rzeczy się zdarzają i są poza nami. Mogę tu być albo siedzieć i martwić się tym, czego jeszcze nie zrobiłam. Powoli zaczęłam widzieć, na czym polega trwanie.

Co czuję

Pierwsze spotkanie było słuchaniem tego, co mówią inni, jak im minął tydzień, i co najważniejsze i nowe, co czuli wtedy, gdy następowało jakieś zdarzenie. Nikt nigdy nie pytał mnie, co czuję, i kiedy w końcu na którymś spotkaniu zadano mi to pytanie, nie wiedziałam, co powiedzieć.

– Pewnie do tej pory nie wiedziałaś, co czujesz, prawda? – zapytała jedna z uczestniczek.

– Tak, to prawda. Nigdy nie wiedziałam, co czuję, i nikt mnie o to nie pytał – odparłam, zdziwiona tą swoją szczerością.

– Tu możesz śmiało powiedzieć, nawet jeśli coś cię wkurzyło – jedna z uczestniczek uśmiechnęła się szerzej niż inni

– Trochę to, że tu musiałam przyjść. Ktoś mnie poprosił, bo martwi się o mnie.

Tu nikt nikogo nie oceniał, ale doceniał. Każde dobre słowo było natychmiast wychwytywane i powtarzane. Każdy dobry gest chwalony. Zostałam i ja pochwalona, że jest ktoś, kto się o mnie martwi, i że przyszłam.

– Zazwyczaj boimy się takich osób. Ja zniszczyłam wiele dobrego, zanim zrozumiałam, że dobro jest po prostu... dobre! – Jedna z uczestniczek powiedziała to o sobie, ale mogłabym się pod tym podpisać.

Zostałam tam, bo czułam, że to dobre miejsce. Nikt mi nie mówił, co mam robić, ale słuchałam, co robią inni, z czym się uporali. I zobaczyłam, że potrafimy się z wielu rzeczy razem śmiać. Żałowałam tylko jednego. Że nie przyszłam tu wcześniej.

Normalność

Kiedyś zapytano mnie, jakie chciałabym mieć życie. Od razu powiedziałam, że spokojne, bez alkoholu. I wtedy właśnie zdałam sobie sprawę, że kiedy byłam dzieckiem, nigdy nie uważałam, że moja rodzina jest zła albo chociaż inna. Nie było mi w niej dobrze, ale myślałam, że tak jest i koniec.

Gdyby nie grupa, pewnie weszłabym w podobny schemat i żyłabym tak jak moi rodzice. Trudno po takim dzieciństwie wiedzieć, co jest normalne, a co nie. Warto uświadomić to sobie, jak łatwo nasze normy nieraz zostają zmieniane, a ich granice przesuwane. U jednych w domu picie alkoholu to dramat, dla innych alkohol to nic, jeśli on nie bije, a znajdą się i tacy, którzy powiedzą, że doświadczyli ze strony pijanego ojca czegoś gorszego od bicia. I każdy może mieć inne granice normalności.

Mój dom tak naprawdę wydał mi się zły w chwili, gdy zaczynałam powoli z niego wychodzić. Zrozumiałam wtedy, że wiele lat uważałam za coś normalnego to, co nigdy takie nie było. Dziecko przyjmuje za normalność to, co podają mu rodzice. Nawet jeśli jest to poczucie strachu i ucieczka przed ciosem. A gdyby nauczono je jeść rękoma, to właśnie przyjęłoby za normę. Dziś powiedziałabym swojej mamie, że byłoby lepiej, gdyby nas komuś oddała. Żeby żyła sobie z ojcem, zbierała od niego baty, ale nam dała szansę. Wtedy gdy byłam dzieckiem, bez niej nie poszłabym nigdzie. Jeszcze nie rozumiałam, że każda kolejna szansa dla niego była odbierana nam. Dzieciom nikt takich szans nie daje. Alkoholik ma szanse codziennie, jego dzieci nie.

Uczucia jeszcze raz

Uczucia – tak bliskie i dalekie. Ściśnięty żołądek przed egzaminem, motyle w sercu na wiosnę, łagodność przy małym kotku, radość w górach i wiele innych.

Tak naprawdę nienawidziłam swoich uczuć. Wiele z nich jest bolesnych, ale dopiero teraz mogę już o nich mówić. Bo mówienie o tym, co czuję, okazało się ogromnie trudne. Zdecydowanie łatwiej ocenić kogoś, pomijając siebie. A przecież to, co mówisz o innych, jest o tobie, bo ty tak odczuwasz.

W końcu zaczęłam reagować na otaczający mnie świat, czuć to wszystko, czego się wstydziłam. Zaczęłam odczuwać, że to, co czuję, to jestem ja. To informuje mnie, co jest dobre, a co złe. Bez tego nie ma żadnych relacji. Uczucia ostrzegają nas i pocieszają. Wskazują na to, jak radzimy sobie z własnym życiem. Czy łatwo kogoś ranimy, czy nie.

Odkryciem było to, że nie umiałam odczuwać radości i dzielić się nią z nikim, ale smutek i bolesne słowa rozdawałam wszędzie. Zbyt często śmiałam się z innych, ale ich nie doceniałam. Oczekiwałam zrozumienia, bo ja byłam skrzywdzona, ale nie chciałam zrozumieć innych. Zarzucałam innym to, jacy są, czego im brak, co robią źle, ale w sobie nie widziałam nic złego. A przecież to, co mnie drażniło u innych, jest moim problemem. To ja sobie z tym nie radzę.

Moje prawdziwe ja zaczęło odczuwać obok zła dobro, obok smutku radość. Stawałam się prawdziwa. I coraz wyraźniej widziałam drugiego człowieka. Życie w poczuciu nieustannej krzywdy zamyka nas na innych. Nie odczuwamy już nic oprócz naszego nieszczęścia. I nic innego nie umiemy dać…

Jednym z najważniejszych momentów po przebrnięciu przez przyczyny zaniedbywania własnych potrzeb, dotarciu do źródeł strachu i poczucia odpowiedzialności za cały świat albo po rozprawieniu się ze swoimi propozycjami na rozwiązywanie konfliktu jest opowieść o sobie. Obojętnie, czy przed jednym człowiekiem, któremu ufasz, czy grupą ludzi, przed którymi już nie musisz udawać, ta historia poprzedzona pracą nad sobą jest zwykle inna od tej, która układała ci się w głowie w dzieciństwie.

Na początku drogi wszystkie problemy są schowane. Nasze fałszywe ja ukrywa je, żeby nic nie wyszło na jaw. Przez tyle lat ukrywa się przecież przemoc, alkoholizm, zachowania destrukcyjne, wszystko, co w domu, tak że w dorosłym życiu nie umiemy nawet nazwać problemu. Wydaje się, że dzięki temu on znika, ale to nie jest prawda. Kurz zamieciony pod łóżko jest tam dalej. Podarta tapeta przykryta obrazem też się nie przykleja. Plama na sukience pod szalem nie zlikwiduje się sama. Skrzywdzone dziecko mieszka w dorosłym i nie pozwala o sobie zapomnieć.

Stawanie w prawdzie przed tymi, którym zaufałam, niezwykle mi pomogło. Zobaczyłam w końcu to, z czym sobie nie radzę, i sama wypowiedziałam rzeczy, które dotąd skrywane za maską, dalej tam były i rosły jak pleśń. Wiedziałam po sobie, jak bardzo te prawdziwe opowieści pomagają słuchającym zobaczyć siebie, dlatego pozbyłam się wstrzymywanego dotąd bólu i ciężaru milczenia.

Zaczęłam jak inni mówić o tajemnicach mojego domu i problemach dnia codziennego, które jak słońce i upał lub radość i śmiech są zawsze jedno po drugim.

Zaczęłam żyć, czuć, rozumieć. Weszłam na dobry szlak. Już nie byłam inna. Byłam jak wszyscy, którzy chcą wyzdrowieć i ukochać swoje zranione wewnętrzne dziecko.

Trudne słowo

Po drugie – człowiek. Nauczyłam się przez lata, że drugi człowiek może skrzywdzić, może oszukać i choć najpierw się uśmiecha, to potem tylko patrzy, jak dokopać... Totalny brak zaufania wobec innych, bo po co wchodzić w relacje, gdy zawsze kończy się tak samo? Lepiej od razu uciec, zburzyć, zniszczyć coś dobrego, żeby nie było rozczarowania. A przecież to rozczarowania uczą nas życia. Zwykle chcemy, aby dobre chwile trwały, gdy pojawiają się złe, wypatrujemy ich końca. Przez lata utrwalana obojętność nauczycieli, sąsiadów i wszelkich organów pomocy uczy tego braku ufności. Dzięki grupie zaczęłam jednak widzieć dobro w innych ludziach. I zaufałam sobie, że mogę mieć dobre życie. Choć to było trudne, po jakichś dwóch latach mój chłopak dowiedział się, że go kocham. Potrafiłam wypowiedzieć to słowo. Zrozumiałam jego sens jako decyzję wybrania człowieka i odpowiedzialność za wszystko, co za tym idzie. Nigdy wcześniej nie używałam tego słowa, zawsze było dla mnie niedostępne. To trudne słowo wyzwala w nas drugi człowiek. To był duży przełom w moim życiu.

Czułam, jak się zmieniam, jak się zmienia wszystko dookoła. Kiedy dotkniesz miłości od drugiego człowieka, dobroci, jaka z tego płynie, nawet to, co trudne, nabiera kolorów. Przeszkody nie znikają, ale już tak bardzo nie przerażają. Pozwalają brać odpowiedzialność za wszystkie trudne słowa świata.

Wybaczyć

Tak dużo się mówiło o potrzebie wybaczania, a ja zupełnie nie umiałam sobie z tym poradzić. Jak można zapomnieć o tym, co było? Musiałam usłyszeć historię, którą ktoś opowiadał na grupie, że wybaczył i powiedział o tym, i naprawdę nic się nie podziało z jego pamięcią. Pamięta ciągle, co było, ale jest spokojny. Wybaczyć to nie znaczy zapomnieć.

Kiedy wybaczasz, świat nagle nie staje. Nie robi się od razu lżej. To przychodzi stopniowo. Przede wszystkim nie chodzi od razu o agresora, ale o nas. W całej tej opowiadanej historii najważniejsze było jedno zdanie:

– To nie jest twoja wina!

Jedno proste zdanie, ale zwala z nóg. I nie dlatego, że chciałam być winna, ale dlatego, że tak się czułam. Że ciągnęłam swoją nieistniejącą winę za sobą jak najcięższy bagaż.

Tak wiele rzeczy ciągnęło się za mną, choć przecież na to nie miałam już wpływu, to już było. A jednak nie wybaczyłam sobie i biczowałam się za tamto nieustannie. Bo mogłam być lepsza, mogłam lepiej zadbać o mamę, chronić siostrę i braci, i najbardziej absurdalne – pomagać ojcu nie pić. Nagle w mojej głowie zobaczyłam tak wiele powodów do wybaczenia nikomu innemu tylko sobie. Byłam ofiarą, ale czułam się winna. I wtedy zrozumiałam, że muszę przytulić tamtą dziewczynkę, bo inaczej nigdy nie stanę się dojrzała. Moja dojrzałość była zależna od tego, co zrobię z dzieckiem we mnie. Kiedy już wybaczyłam sobie, zaczęłam to robić wobec całego świata dorosłych, którzy udawali, że nie widzą moich siniaków, udając, że nie mam łez. Krzywda dziecka dzieje się zawsze za przyzwoleniem dorosłych.

Reżyser i krytyk

Po trzecie – krytyk. Jeśli życie to film, a każdy z nas jest reżyserem, choć przecież nie wszystko od nas zależy, to miałam w sobie potężnego krytyka tego filmu. Komentował niemal każdy krok, wiercąc dziurę w scenariuszu, że tego nie umiem, tego nie powinnam, a przede wszystkim, że to nie wyjdzie. Cokolwiek chciałam zrobić, słyszałam, że:

– Nie jesteś tego warta!

– Nie umiesz i nawet nie próbuj!

– Jesteś za głupia!

I wiele tego typu „pieszczot".

Ten głos to głos ojca, który krzyczał, bił i ubliżał.

To głos nauczyciela, który nie widział moich łez ani potrzeb.

To głos sąsiadki, która spisała nas na straty, bo to „taka pijacka rodzina".

To głos matek moich koleżanek że szkoły, bo „z tego domu nigdy nic dobrego nie będzie".

To głosy wszystkich, którzy „znają się na wszystkim".

Wszystkie one tkwią jak sztylet w sercu, ranią oczy i język, powodują, że albo zaciskasz pięści i ostro bronisz się przed światem, albo zupełnie się chowasz... Bawisz się z życiem w chowanego.

Nie wierzyłam w siebie.

Głowa podpowiadała: „nawet nie próbuj".

Usta wołały: „nigdy tego nie zrobię".

Ciało robiło swoje, słysząc: „zatrzymaj się i daj spokój, to nie dla ciebie".

Oczy pozbawione blasku życia odprawiały rytuał: „możesz tylko patrzeć, ale tego nie będziesz mieć".

Serce biło w rytm „nie czuj".

Nic nie było za mną. Ale chciałam być inna. Poczułam w końcu, że trzeba o siebie zawalczyć. Stopniowo zaczynałam się zmieniać dzięki innym ludziom i terapii. Zobaczyłam kobiety, które też nic innego nie słyszały, ich ciało reagowało jak moje, ale jednak wstały. Upadały i wstawały, aż w końcu przestały. Nie chodziło o to, abym uodporniła się na upadki. Ja po prostu chciałam przestać w końcu upadać. Chciałam jak wiele osób, które spotykałam dookoła, zwyczajnie żyć bez tamtych strachów.

Są dwa wyjścia. Albo słuchasz krytyka i padasz coraz niżej, albo ignorujesz te głosy, pokazujesz im, delikatnie mówiąc, środkowy palec i za każdym razem wstajesz, aż w końcu prostujesz się i idziesz prosto.

I właśnie wtedy zrozumiałam, co to znaczy być reżyserem swojego życia. To nie jest tak, że robisz to, co chcesz. To jest tak, że się nie poddajesz, nawet gdy krytyka mocno rani, reżyserujesz dalej, bo kochasz ten film... Trudno rozganiać myśli. To nie ciuchy porzucone na krześle lub para wodna znad czajnika. To raczej wiercenie dziury w głowie młotem pneumatycznym.

Do dziś czuję jego działanie, ale umiem stawić mu czoło. Nie dam rady? Odpowiadam: pozwól, że spróbuję. I nie boję się porażki.

Strach przed porzuceniem

Strach przed tym, że ktoś mnie porzuci, był ogromny. Przecież jak byłam mała, zostawił mnie ojciec, bo wybrał wódkę, i mama, bo wybrała jego i nigdy nie stanęła w mojej obronie, nie chroniła mnie przed nim. Zawsze uciekała do kuchni lub po prostu milczała. Owszem, dostawała też, i nawet wiedząc, jak to jest, nie chciała chronić żadnego z dzieci.

Dzięki temu zrozumiałam, że tak naprawdę wolę udawać uczucie, niż naprawdę je odczuwać. Lepiej nie lubić nikogo, nie ufać, nie przyjaźnić się, bo wtedy porzucenie mniej boli. Musiałam zacząć tej małej dziewczynce we mnie opowiadać, że tamto już było, a sobie dorosłej tłumaczyć, że muszę się odgrodzić od domu. Że ten dom już nie istnieje, chociaż ja uparcie chciałam go nosić na plecach jak żółwica.

Zaczęłam coraz wyraźniej widzieć, jak dom określa to, w jaki sposób żyjemy jako dorośli. Miotałam się, dopóki nie zrozumiałam, że strach przed porzuceniem sprawiał, że codziennie sama porzucałam siebie.

Relacje

Słowo klucz dla wielu. Pracuj nad relacjami, odczytaj relacje, zbadaj swoje relacje itd. Tylko jak to zrobić, jeśli przez pół życia uczono mnie budowania sztywnych, niezdrowych relacji, i pozbawiano mnie moich praw? Zaczęłam badać zatem nie to, co budowało moje więzy z rodziną, ale mechanizmy obronne przed tym, aby ich nie budować. Bo przecież nie miałam dobrego wzorca.

Na pierwszym planie od razu widać wyparcie cierpienia, uczuć, i co jeszcze gorsze, przerzucanie bólu na innych. To wszystko nie sprawdzi się w żadnej zdrowej relacji więc albo rozprawiamy się z tym, albo ciągle wchodzimy w toksyczne układy.

Nie zrobiłam nic więcej ponad to, że zaczęłam obserwować i ufać swoim zmysłom i intuicjom. To, co było kiedyś, już się nie liczyło. Zaczęłam budować siebie na nowo, tłumacząc tej małej skrzywdzonej dziewczynce we mnie, jakie mechanizmy sprawiły, że teraz jest mi ciężko. Złapałam z nią kontakt i tak zaczęło się powolne naprawianie siebie.

Właśnie kontakt z samym sobą daje najlepsze rezultaty. Jaka jestem, jaka byłam, i jakie mechanizmy mną rządzą. Nazwanie tego to największy sukces terapii.

Skulona w sobie

Po moim domu, a szczególnie po ojcu, po tym, jak mnie wy-
śmiewał i traktował, zostało mi coś, co fachowo nazywa się
regres wieku. Na naszym spotkaniu dorosły mężczyzna opowiadał, jak bardzo kulił się w sobie, kiedy ojciec nabijał się
z niego. Nawet teraz, kiedy był już cenionym pracownikiem
i miał swoją rodzinę. Zamieniał się wtedy w małego chłopca,
którego ktoś stawia do kąta i poniża przy wszystkich. W końcu
to zrozumiał i zaczął odpierać te złośliwe ataki.

Ze mną było podobnie. Kiedy ktoś mnie skrytykował, oceniał,
droczył się ze mną, kuliłam się jak mała dziewczynka. A przecież krytyka i ocena ze strony innych będzie zawsze. Tam gdzie
są ludzie, tam pojawi się ktoś, kto powie coś przykrego.

Zaczęłam o tym myśleć i walczyć z tym. Nie muszę od razu
komuś brzydko odpowiadać, ale mogę pracować nad tym, aby
jego słowa nie robiły na mnie wrażenia. Powtarzałam sobie
„to nie twój ojciec" i powoli przestawałam zachowywać się przy
takich osobach jak małe zawstydzone dziecko.

Kiedy to się zdarzało, zaczynałam oddychać spokojnie, sku-
piając się na wdychanym i wydychanym powietrzu, wstawałam,
aby się przejść, albo ściskałam torebkę, aby dać sobie sygnał,
że w każdej chwili mogę wyjść. Zdarzało się, że głośno wy-
rażałam swoje odczucia wobec przykrych słów na mój temat.
Jedno jest pewne. Dzięki temu wiedziałam, kto mnie krzywdzi,
i unikałam go.

Wstyd

W grupie tak jest, że kiedy jedna osoba mówi o sobie, każdy z nas słucha, czasem zapyta o coś, a potem idzie z tą opowieścią do domu i zastanawia się, ile w niej było o mnie? Wstyd, o którym często była mowa w opowiadaniach innych, odczuwamy wszyscy. Powoduje obawę przed zdemaskowaniem i przeświadczenie, że inni odkryją, co ze mną... Izoluje nas od świata i zaczynamy czuć, że nie jesteśmy w stanie nic naprawić.

Ukrywamy go pod przykryciem złości, niechęci, obwiniania, pogardy, porzucenia, ataku i wielu innych zachowań niszczących wszystko dookoła.

Często broniłam się przed wstydem. Potrafiłam być zła na cały świat, robić awanturę z byle czego, atakować i kontrolować albo nawet zajadać go nocami. Nie potrafiłam się przyznać, jak bardzo mi wstyd za siebie, i nie patrzyłam ludziom w oczy.

Tak długo słyszałam, że jestem do niczego, że nie powinnam się narodzić i że jestem niedobra, że w końcu dałam temu wiarę. Kiedy ojciec mnie podglądał, to ja byłam ta zła. Kiedy wchodził, gdy spałam, i dotykał mnie, to też była moja wina. Do tego wszystkiego reguła „nie wyrażaj uczuć" obowiązująca w moim domu zabraniała otwarcie o tym mówić. Wszyscy byliśmy zakorzenieni we wstydzie. To, co się działo, było wstydliwe. O tym się nie mówiło. Nie mieliśmy też tego czuć.

Kiedy w końcu zaczęłam o tym mówić, uwolniłam się od kłamstwa i poczułam, że moje przez lata krzywdzone wewnętrzne dziecko dziękuje mi za to.

Badanie

Poznając siebie, zaczynałam doświadczać uczuć na poziomie znacznie głębszym niż dotychczas. Miałam je, ale schowane głęboko. Kiedy je odkrywałam, zmieniało się moje życie. Bardzo dobrze zaczęła się rozwijać moja relacja z chłopakiem, bo na tym mi naprawdę zależało. Nauczyłam się też badać swoje relacje z innymi. Jeśli ktoś, z kim rozmawiałam, od razu zaczynał mnie oceniać, to więcej się z nim nie kontaktowałam. Tego nauczyła mnie grupa. Dzięki badaniu swoich uczuć wobec innych weszłam w to, co było niezwykle trudne, mianowicie przekonałam się, że nie jestem swoimi uczuciami, nie jestem ich ofiarą. Sama świadomość tego, co przeżywamy, stała się drogą do uzdrowienia.

Nauczyłam się słuchać i oceniać, co mi szkodzi, co z tego, co ktoś mówi, sprawia mi przykrość. Bo kiedy słyszałam „ja bym tak nie zrobiła", wiedziałam, że tu nie ma porozumienia, tylko to wszechobecne ja. Gdy słyszałam ocenę w stylu „bo zawsze jesteś..." lub „powinnaś...", przestawałam rejestrować te słowa w swojej głowie. Zaczęłam odbierać siebie, ale nie przez pryzmat tego, co sądzą inni. Po prostu badałam, co sama czuję.

Stygmaty

Aby naprawić swoje serce, musiałam również odkryć stygmaty, z którymi chodziłam.

Jako mała dziewczynka niemal każdego dnia słyszałam, że jestem do niczego, jestem zupełnie beznadziejna i nie powinnam się narodzić. W domu byłam wyrzutkiem, w szkole brudasem i ospą, na podwórku niedopilnowaną dziewuchą, wszędzie byłam nikim. Każde takie słowo wchodziło przez moje uszy i robiło sobie miejsce w moim sercu. Było jak zaklęcie złej wróżki albo stygmat, który naznaczył mnie na dorosłe życie. Nie umiałam rozpoznać dobrych słów, a każdy komplement traktowałam jak atak. Moja świadomość nie przyjmowała dobrych słów o mnie. Rozpaczliwie chciałam być dobra, ale jednocześnie nie mogłam taka być, bo nie mogłam uwierzyć w dobroć. Ten stygmat bylejakości uwierał każdego dnia.

Bicie, które przyjmowałam tak często, to był kolejny stygmat. Przemoc nie polegała na tym, że ktoś chce mnie uderzyć. To nie było nic nowego. Po prostu byłam nauczona tak przyjmować ciosy, aby nic nie czuć. Nie wiedziałam, że tak nie można, że to coś złego. Stygmat, że nigdy moje NIE nie było wysłuchane, powodował, że nie umiałam walczyć o siebie.

Całe to moje bolesne dzieciństwo skupione na tym, w jakim stanie „tatuś" przyjdzie do domu, spowodowało coś jeszcze trudniejszego. Chwilami nie chciałam już żyć, nie chciałam być, ale pragnęłam jedynie zniknąć. Czułam, że nic dobrego z tego, że żyję, nie wyjdzie, a za każdy uśmiech trzeba będzie zapłacić. Nie wolno było w żaden sposób się radować. To było zakazane. Jedyne, co było wolno, to czekać, co się stanie każdego dnia. Kto dostanie, kto uniknie ciosów i czy dziś „tatuś" zechce znów zobaczyć, jak się kąpię, lub tylko włożyć mi rękę pod bluzkę. Zastygła w czekaniu, nie mogłam robić nic więcej. I stygmat najgorszy – mężczyzna. A właściwie to, co robił. Zobojętniałam na wszelkie zwyrodnienia, potrafiłam przyjmować zbyt mocne uściski i zachęty do robienia różnych rzeczy ze strony mężczyzn jako coś zupełnie normalnego. Nie robiło to na mnie żadnego wrażenia. Nie umiałam być kobietą, która ciągle jest pełna tajemnic. Życie zbyt szybko przede mną odkryło wszystkie obrzydliwe karty i długo nie było nikogo, kto by mi pokazał, że to jest złe, i powiedział, co z tym dalej zrobić.

To, co niepokoiło

Najbardziej drażniło mnie wchodzenie kogoś do łazienki, kiedy akurat w niej byłam. To powodowało, że sztywniałam. Wiele czasu upłynęło, zanim tamtej małej dziewczynce pomogłam przez to przejść tak, aby mogła w dorosłym życiu funkcjonować bez nagłych napadów paniki. Nie mogłam przecież zabronić nikomu pukać do łazienki lub skazać się na samotne życie tylko z tego powodu. Mimo naszych niedoskonałości świat nie będzie taki, jakim chcielibyśmy go widzieć. Nikt nie zabierze nam przeszkód spod nóg w dorosłym życiu. Rozwiązanie

przyszło samo. W któryś dzień, już na studiach, podczas prak-
tyki znalazłam się w sali, gdzie rehabilitowano małe dzieci.
Był tam duży worek zawieszony na suficie, do którego można
było wejść i pobyć w nim. Dowiedziałam się, że przypomina
to trochę sytuację, jakbyśmy byli w brzuchu matki. Można
było wejść i poczuć to. Zrobiłam tak, choć wcale nie byłam
do końca przekonana. Na początku bałam się, że worek się
zerwie, ale po pewnym czasie rozluźniłam się i poddałam ko-
łysaniu. Zamknęłam oczy i zaczęłam się zwyczajnie wyciszać.
Robiłam tak później bardzo często, aż w końcu mój wtedy już
narzeczony kupił mi taki worek i zamontował w domu. Od tego
czasu mogłam codziennie się wyciszać. W zadziwiający sposób
pomagał też mojej małej siostrze, która do dziś uwielbia w nim
przebywać. Ukochałam tam siebie za ten zamek w drzwiach,
tę łazienkę, za każdy siniak i każde złe słowo. Jako dorosła
kobieta mogłam przytulić w taki sposób tę małą skrzywdzoną
dziewczynkę, która przecież ciągle we mnie była.

Matryca

Kiedyś miałam okazję przyglądać się, jak w muzeum druku od-
ciska się wzór z matrycy. Kartki wychodziły takie jak na matrycy, tylko czasem mocniej lub słabiej nasycone farbą. Wszystko
zależało od docisku. Do głowy przyszła mi myśl o mojej matrycy, o tym, jak trudno wyjść z tego wzoru, który na mnie od-
ciśnięto. Zaczęłam myśleć w taki sposób i przekonywałam się,

że to nie ja byłam zła, nie ja byłam winna tego, co było, ale przede wszystkim moja matryca była zła. Zostałam odciśnięta na wadliwym wzorze, który sam nie miał szans na to, żeby się naprawić. Moja mama skrzywdzona przez mojego ojca nie potrafiła wyjść z tej sytuacji, bo sama jako dziecko była w podobnym domu i nikt jej nie pokazał, że można inaczej. Ojciec z rodziny pełnej zakłamania też nie czerpał nic dobrego.

– Tylko ich nie usprawiedliwiaj! – usłyszałam na grupie. I było w tym dużo prawdy. Tak łatwo z oprawcy zrobić ofiarę. Nie chciałam ich jednak usprawiedliwiać. Zrozumienie motywu nie pomaga w cierpieniu. Nie chciałam czuć wyrzutów sumienia, że się urodziłam, że może gdyby mnie nie było, oni nie byliby razem. Wysunęłam zupełnie inny wniosek. Muszę myśleć o tym, jaką ja jestem matrycą, i za wszelką cenę zmienić ten krąg przemocy w mojej rodzinie. Ja jestem odpowiedzialna za siebie i za to, jak będę żyć. Musiałam wyzbyć się córki pijaka, a zostać Katarzyną, kobietą i matką, żoną i przyjaciółką z zupełnie inną matrycą niż ta, z której wyszłam.

Dziś wybieram życie

Jestem kobietą, jestem żoną, za chwilę będę matką. Wybrałam życie. Znam swoje błędy, potrafię zatrzymać wybuch złości i wysłuchać drugiego człowieka. Szukam siły w sobie, czerpię energię ze świata dookoła. Odwiedzam mamę, siostrę, braci. Spędzamy razem święta, choć nie zawsze bywa to łatwe. Byłam na grobie ojca. Umiem już nie zamykać łazienki i na dźwięk kluczy w drzwiach reaguję czasem radością. Nie wiem, jaką będę mamą, ale wiem, jaką będę kobietą. Wiem, kim byłam i kim już nie chcę być.

A ty?

WYBRANE KOMENTARZE Z INTERNETU

\# Czytam, czytam i myślę, przecież nie pisałam nic takiego w sieci. Pamiętam tę ciszę do dziś.

\# Kiedyś w pracy ktoś w kabinie zostawił taką małą książeczkę. Wspomnienia DDA. Czytałem ją sobie w kibelku dla zabicia czasu. Zastanawiałem się, kto opisał moje życie i skąd mnie znał?? Ale każdy przecież odnajduje w tych opowieściach siebie...

\# Też jestem DDA, mimo wszystko, gdy tata dostał udaru, to do tej pory nie umiem sobie wybaczyć, że zbyt późno go znalazłam... umarł, będąc warzywem, po trzech dniach w szpitalu. Minął ponad rok, do tej pory zarzucam sobie to, że mogłam znaleźć go szybciej... Może by żył, jako warzywo, ale by żył... nie wiem, dlaczego biorę to do siebie, ale pogodzić się z tym nie potrafię. A co najdziwniejsze? Jestem zła czasem na mamę, gdy widzę, że chyba kamień spadł jej w końcu z serca.

\# Mój spokój nastał, jak umarł, miła 8 lat, a ja chyba już czuję się całkiem wolna.

\# Jest nas tak dużo, to przerażające. Jednocześnie coraz więcej się o tym mówi...

\# Każde słowo jest o mnie, tylko co teraz?

\# Najszczęśliwszy dzień w życiu: kiedy odebrałam telefon i okazało się, że mój mąż nie żyje. Poczułam się wolna.

\# Tęskniłam za ciszą. Chciałam, żeby umarł. Modliłam się o wypadek dla niego. W końcu spadł z okna. Tak był pijany, że pomylił drzwi z oknem. W szkole wszyscy żałowali mnie, a ja się w duchu cieszyłam, że ojciec w końcu umarł. Tak się go bałam, że przez tydzień od pogrzebu myślałam, że to mi się tylko śni, a on zaraz wejdzie.

\# Kiedyś usłyszałam od znajomej: nie obwiniaj się o to, że czujesz ulgę. Moje rozliczanie się trwało parę lat, ale te słowa bardzo mi pomogły. Nie mogłam dłużej żyć z tym poczuciem winy.

\# Moje życie skupiało się też na alkoholu męża. Wiem, że skrzywdziłam dzieci. Dziękuję za każde słowo.

II

DDA – CZYM JEST?

Opowieść powstała dzięki rozmowom z kobietami rozprawiającymi się z traumami wyniesionymi z domu rodzinnego i z codziennością bycia Dorosłym Dzieckiem Alkoholika.

Bohaterka nie jest konkretną osobą, a to, co ją spotkało, nie jest opisem jednego ludzkiego życia. Stanowi natomiast przedstawienie konkretnego problemu, czyli życia w domu dysfunkcyjnym. Wiedza, że w domu coś jest nie tak, oraz dojrzewanie do decyzji o podjęciu terapii nie jest niczym oczywistym. Zdanie sobie sprawy, że rodzic ma problem z uzależnieniem, nie jest przecież takie łatwe.

Uzależnienie od alkoholu to poważna choroba, a nie tylko lepsze lub gorsze zachowanie. Wywraca do góry nogami życie chorego oraz rodziny, sieje spustoszenie w jego domu i okolicy. Wypijanie coraz większych dawek alkoholu upośledza układ nerwowy, a jeśli człowiek pije regularnie, to zmiany te są nieodwracalne. Pijący przestaje zwracać uwagę na potrzeby swoich bliskich, zaniedbuje rodzinę, staje się nerwowy, a z czasem agresywny. Alkohol pozwala mu tylko na chwilę poczuć ulgę, a uśmierzone piciem emocje wracają ze zdwojoną siłą. Z czasem pojawiają się wyrzuty sumienia, które są sygnałem ostrzegawczym, że jest problem alkoholowy, a te najłatwiej uśmierzyć kolejnym kieliszkiem. W tym wszystkim gdzieś obok są dzieci, które w jakiś sposób muszą się przystosować do tego, co jest w domu. Bez względu na to, czy pije jeden z rodziców, czy obydwoje, to właśnie dzieci są najbardziej pokrzywdzone w tej sytuacji. W rodzinach takich najwięcej energii pochłaniają próby uratowania alkoholika oraz konieczność utrzymania w tajemnicy tego, co dzieje się w domu. Na potrzeby dzieci nie ma już miejsca.

DDA nie znajdziemy w żadnej klasyfikacji chorób, ponieważ nie stanowi żadnej jednostki chorobowej. Jest to zespół cech i mechanizmów zachowań charakterystycznych dla osób wychowanych w domu, w którym przynajmniej jeden rodzic był alkoholikiem. Taki zespół cech charakterystycznych dla jakiegoś zjawiska nazywany syndromem. Badania pokazują jednoznacznie, że wszelkie zaburzenia występujące u dorosłego człowieka mają swoje źródło w dzieciństwie, zatem DDA to pewien syndrom, który swoje źródło ma właśnie w tym okresie.

Charakterystycznymi cechami tych domów są: brak stabilności, chaos i nieprzewidywalność. Mieszkańcy nie tylko nie wiedzą, co będzie jutro, ale nawet za godzinę czy dwie. Nieustannie muszą być gotowi na atak ze strony alkoholika, reagować na jego humory i zachcianki. Powoduje to z kolei przewlekły stres i lęk wynikający z przemocy domowej.

Czy to na pewno trauma?

Trauma to doświadczenie konfrontacji z jakimś zdarzeniem lub zdarzeniami wywołującymi u dziecka poczucie zagrożenia życia. Emocje takie jak lęk i cierpienie, na co dzień obecne w domu alkoholowym, odbierają dziecku poczucie bezpieczeństwa i zaufanie do innych ludzi. Pierwsze doświadczenia traumatyczne mogą pojawić się już w okresie prenatalnym, jak na przykład zatrucie alkoholowe lub każde przeżycie naruszające bezpieczeństwo matki – przenoszone wprost na nienarodzone jeszcze dziecko, daje w odczuciu traumę chroniczną. Na rozwój określonych typów osobowości czy zaburzeń w znacznym stopniu wpływają traumy wczesnodziecięce, pojawiające się, gdy dziecko doświadcza wielu zdarzeń takich jak przemoc domowa czy uzależnienie jednego z rodziców, urazy, upadki, nadużycia seksualne. Uznaje się, że lęk dorosłych dzieci alkoholików jest skutkiem dziecięcej traumy, jakiej doświadczyły w rodzinnym domu.

Każda rodzina to struktura złożona z wzajemnie od siebie zależnych osób, połączonych pewnym rodzajem emocjonalnych więzi. W każdej rodzinie panują pewne jawne bądź ukryte reguły określające pewne zachowania. Jawne dotyczą stylu socjalizacji jej członków, a ukryte odnoszą się do konkretnej rodziny – ich przykładem jest chociażby ukrywanie alkoholizmu. W rodzinie alkoholowej charakterystyczna jest niestałość panujących w niej reguł oraz nieprzewidywalność zachowań rodziców. Dzieci w takiej rodzinie żyją zatem w ogromnym stresie.

Prawidłowo funkcjonująca rodzina stara się zaspokajać potrzeby wszystkich jej członków. Dziecko od chwili narodzin uczy się i zdobywa umiejętności, by właściwie funkcjonować w społeczeństwie. W sytuacji, kiedy w rodzinie mają miejsce nieprawidłowości, a jedną z nich jest nadużywanie alkoholu przez rodziców lub opiekunów, pojawiają się zaburzone relacje, wskutek czego rodzina przestaje spełniać swoje podstawowe funkcje. Chaos życia rodzinnego przekłada się na relacje z otoczeniem i powoduje traumę. Aby zrozumieć, czym jest trauma wczesnodziecięca, warto zapoznać się z tzw. teorią przywiązania stworzoną przez Johna Bowlby'ego. Przywiązanie to głęboka więź dziecka z opiekunem, formująca się w pierwszym roku życia. Jest ona modelem innych relacji w przyszłości. Teoria ta pokazuje, jak ważne jest właściwe i adekwatne reagowanie na potrzeby dziecka w pierwszym roku jego życia. Biorąc to pod uwagę, wyróżniamy cztery style przywiązania:

- **Styl bezpieczny** kształtuje się, gdy rodzic adekwatnie reaguje na potrzeby dziecka. Udziela mu wsparcia i czuwa nad nim. Osoby z tym wzorcem wchodzą w związki z innymi ludźmi bez obaw i bez lęku.

- **Styl lękowo-unikający** świadczy o braku zaufania do matki. Niemowlę unika kontaktu z matką, bojąc się odrzucenia. Opiekun jest fizycznie i psychicznie nieobecny. Osoby z tym wzorcem unikają bliskich i głębokich relacji, ponieważ kojarzą im się z czymś bolesnym.

- Styl lękowo-ambiwalentny, kiedy dziecko dąży do kontaktu z matką. Odczuwa lęk przed jej utratą, a jednocześnie złości się na rodzica. Wynika z niespójnej postawy rodzica, który raz się dzieckiem zajmuje, a raz znika. Osoba z tym wzorcem pragnie relacji, jednak boi się zaufać.

- Styl zdezorganizowany związany jest z nieobliczalnym zachowaniem rodzica, który jest uzależniony, boryka się z chorobą psychiczną lub stosuje przemoc. Dzieci, u których uformował się ten styl przywiązania, borykają się z największymi problemami i są predysponowane do zaburzeń psychicznych.

Najbardziej traumatyzujące są chronicznie powtarzające się sytuacje przemocy, związane często z nadużywaniem alkoholu. Spożywanie go dotyczy nie tylko tego, kto pije, ale wszystkich członków rodziny. Rodzina zupełnie nie odpowiada na potrzeby innych i staje się dysfunkcyjna.

Terapia – czy jest potrzebna?

Decyzja o rozpoczęciu terapii grupowej czy też indywidualnej nie przychodzi z dnia na dzień. To pewien proces, który wyzwalany jest przez różne bodźce. Podejrzenie o byciu DDA przychodzi najczęściej dzięki przeczytaniu jakiegoś artykułu na ten temat lub rozmowie z kimś, kto chodzi na taką terapię, albo z kimś, kto ma wiedzę o tym syndromie. Przecież to nie jest skaleczenie, które widać od razu, ale ból, który pochodzi z samego środka duszy. Zrozumienie tego, że dziś zależy od wczoraj, to długi proces, zwłaszcza że dziecko nie ma wpływu na to, w jakim domu przyszło mu żyć. Nikt nie wybiera sobie ani mamy, ani taty. To rzeczywistość nam dana. Jedyne co można zrobić, to przepracować błędy swoich rodziców, aby ich nieświadomie nie powielać i żyć w zgodzie ze sobą. „Przepracowanie" oznacza tu nic innego jak przejście wszystkich emocji i nadanie im sensu. Trochę tak, jakby ktoś w dzieciństwie dostał lekcje do odrobienia w życiu dorosłym. Najlepiej robić to w grupie lub na terapii indywidualnej, jednak nigdy samemu w domu.

Pierwszy krok to jednak zawsze poznanie prawdy o rodzinie, i tu nic nie jest oczywiste. Dziecko nie wie przecież, że ojciec pije, nie odczuwa, że mama jest często pijana. Przecież tak jest od zawsze. Więc skąd ma znać inną rzeczywistość? Dopiero konfrontacja z innym domem pokazuje, że ten, w którym mieszka, jest inny od tego, w którym mieszka koleżanka czy kolega.

Zawsze czułam, że u mnie jest nerwowo, ale byłam zdziwiona, gdy pierwszy raz byłam u koleżanki, a jej mama tak normalnie przyniosła nam kanapki do pokoju – mówi Aga i wspomina, jak pierwszy raz zobaczyła, że w domu może być cicho i bardzo miło. – Poszłam do koleżanki z klasy po zeszyty i zobaczyłam, że jej tato jest trzeźwy. Byłam

naprawdę w szoku. Do tamtej pory myślałam, że wszyscy tatusiowie piją.

Na spotkania grupy doprowadzają jednak nie wspomnienia z dzieciństwa, ale to, co dzieje się tu i teraz. To, co uwiera, boli i powoduje uczucie niepasowania do świata. Dziwna nerwowość i brak wiary w siebie, świdrujący w głowie krytyk wewnętrzny, podpowiadający, aby nawet nie próbować ryzyka oraz ciągle odczuwany obowiązek kontrolowania wszystkiego. Dorośli ludzie niekochani w dzieciństwie codziennie noszą przy sobie – niczym dokumenty czy telefon – ogromny lęk przed odrzuceniem. Tak bardzo pragną być kochani, że są w stanie zrobić wszystko, aby ich kochano. Od usługiwania całemu światu po całkowite wyzbycie się swoich pragnień.

Najtrudniejszy jest pierwszy krok. Po pierwszym spotkaniu nigdy nie wiadomo, czy będzie kolejne. Można się zrazić, kiedy słucha się tak wielu opowieści, dyskusji nie tylko o tym, co było, ale i o tym, co teraz. To, jak reagujemy dziś, ma źródło w tym, co było. A to może zrazić, bo niby dlaczego sięgać po coś, co się schowało tak głęboko? To, że ktoś, kto jest na terapii pierwszy raz, milczy, nikogo ze stałych bywalców nie dziwi. Z mówieniem trzeba się oswoić, tak jak kiedyś z Wielką Tajemnicą, bo przecież to, co się działo w domu, musiało w nim zostać. Ważna jest natomiast możliwość zobaczenia, że z takim problemem żyje wiele osób i każda z nich się z nim mierzy.

Terapia może trwać nawet kilka lat, bez względu na to, czy grupowa, czy indywidualna. Ważne, żeby się nie zniechęcać.

Proces terapeutyczny nie jest – jak niektórzy uważają – rozprawianiem się z bitym chłopcem lub skrzywdzoną dziewczynką, chociaż do obrazu siebie sprzed lat często się wraca. Jest raczej opatrywaniem ran, spojrzeniem na to, co było, z perspektywy tu i teraz, tworzeniem nowego człowieka złożonego z pragnień. Dzięki temu znikają okropne sny, a wspomnienia przestają wiercić dziurę w duszy. Zderzenie z tym, co tkwi w głowie w zakładce „nic się z tym nie da zrobić", to ciężka praca. O wiele łatwiej byłoby połknąć tabletkę, przebiec maraton, wyjść na Rysy lub – jak radzi wiele poradników – iść na zakupy czy do kosmetyczki. Nie jest to złe, ale nie podziała. Trzeba trochę pokrzyczeć, popłakać, pokłócić się z życiem, wyrzucić żal i pretensje, a zamiast pytać dlaczego – zacząć dziękować, że się przetrwało. Dzięki terapii można przede wszystkim osiągnąć wewnętrzny spokój i przestać być gotowym do ataku lub do obrony. To, co kiedyś pozwalało przetrwać, stało się przeszkodą w teraźniejszości. Terapeuta pomaga nazywać trudne przeżycia z dzieciństwa, poczuć własną wartość czy też osiągnąć równowagę emocjonalną. Swoje zalety ma zarówno terapia indywidualna, jak i grupowa. Dobrze spróbować obydwu form, aby sprawdzić, co nam odpowiada.

Indywidualna terapia pozwala na nawiązanie relacji z terapeutą i jest zalecana szczególnie tym, którzy mają problem z lękiem przed krytyką i jest im trudno otworzyć się przed grupą. Indywidualna terapia może pomóc pozbyć się tego lęku. Przeciwnikom takiej formy może się wydawać, że kontakt z obcą osobą nie może w żaden sposób pomóc, a do ustąpienia problemów przyczynia się przede wszystkim kontakt z bliskimi i przyjaciółmi. Terapia indywidualna umożliwia analizę własnego życia, a szczególnie dzieciństwa, i dotarcie do przyczyn takich lub innych zachowań. Warto mieć świadomość występowania kilku zjawisk ważnych dla jej skuteczności. Najważniejszym elementem jest relacja pacjent–psychoterapeuta. Oparta na wzajemnym zaufaniu i realizowaniu wspólnych celów, ma służyć procesowi leczenia. Zarówno pacjent, jak i terapeuta powinni być przekonani, że istnieje możliwość zmiany trudnej sytuacji, w jakiej znajduje się pacjent. To pacjent ma w tym procesie kluczową rolę i to on decyduje, jakie zmiany w swoim życiu wprowadzi. Nawiązanie odpowiedniej relacji ma dać pacjentowi poczucie bezpieczeństwa i motywację do angażowania się w proces terapeutyczny. W terapii wszystko ma znaczenie, a czasem z pozoru nieistotne wydarzenia mogą stanowić krok milowy naprzód. Farmakologia może oczywiście pomagać w terapii, jednak rola rozmowy jest nie do przecenienia.

Ważnym elementem w tworzeniu relacji terapeuta–pacjent jest opór przed zmianą, który bierze się z naturalnego poczucia strachu przed nowym. Są pacjenci, którzy dzwonią, aby się umówić, i rezygnują, są tacy, którzy chodzą od czasu do czasu, często przekładając wizyty i wyszukując coraz to nowsze przeszkody. Terapeuta może znać wynik końcowy terapii, jednak do tego – przy jego pomocy – musi dotrzeć sam pacjent. Jest to nieraz proces długi i skomplikowany, bo każdy ma przecież jakieś wzorce postępowania, które wydają się bezpieczne, i wypiera te, które zagrażają.

\# To, co najbardziej mnie zaskoczyło podczas terapii, to moje zachowanie, które było tak bardzo różne od tego, co naprawdę czułam. Chciałam być bardzo zaopiekowana, od dziecka brakowało mi tego zainteresowania innych, ale z drugiej strony bałam się, że znowu zostanę wykorzystana, dlatego stwarzałam pozory kobiety silnej i samodzielnej, i coraz bardziej brakowało mi sił, aby być odważną.

Opór pojawia się również w sytuacji, gdy pacjent nie chce w żaden sposób czuć się bezradny. Moment, w którym nie potrafimy sobie poradzić z trudnością pojawiającą się w naszym życiu, rodzi poczucie bezsilności, do którego nieraz bardzo trudno przyznać się przed sobą, przed psychologiem czy terapeutą. Opór rodzi również błędne wyobrażenie o pracy terapeuty czy psychologa. To, co dzieje się w psychice, nie jest podobne do kataru czy gorączki. Nad ciałem w jakiś sposób kontrolę ma każdy. Jeśli chodzi o psychikę, trudno samemu zobaczyć, co się takiego dzieje, skąd lęk, panika lub inne niepokojące zachowania. Wielu pacjentów podczas pierwszej wizyty komunikuje, że spodziewa się, że psycholog odczyta wszystkie problemy ukryte w psychice i da gotowe rozwiązanie. Tak nie jest.

Jednym z ważniejszych elementów terapii indywidualnej jest budowanie zaufania do terapeuty. Czasem pacjent bardzo długo czuje się nieswojo i nie chce mówić terapeucie o swoich przeżyciach. Ten powinien dać wtedy przestrzeń pacjentowi na to, aby powiedział o swoich wątpliwościach i oporach przed otwarciem się. Trudno otworzyć się tak po prostu, potrzeba na to czasu.

W trakcie terapii następuje również rozładowywanie napięć emocjonalnych. Rozmowa na temat niełatwych dla pacjenta przeżyć w towarzystwie terapeuty jest bezpieczna i daje możliwość zrozumienia trudnych mechanizmów z dzieciństwa. Przeanalizowanie zachowań i reakcji niepokojących pacjenta stanowi również przestrzeń dla samodzielnej pracy. Kiedy przeżywa on jakiś trudny moment, zawsze może powrócić do tego, co zostało przeanalizowane z terapeutą, i dzięki temu tworzyć nowe wzorce zachowań, dzięki czemu wzrasta jego poczucie własnej skuteczności i wartości.

\# Podczas terapii omawialiśmy sposoby radzenia sobie ze złością. Dawniej krzyczałam i byłam bardzo złośliwa, kiedy ktoś sprawiał mi przykrość. Zrozumiałam, że tak naprawdę to działa tylko na mnie, bo do końca dnia chodziłam zdenerwowana i odczuwali to wszyscy w moim domu. Przestałam tak robić i nauczyłam się nie przekazywać złości dalej.

Terapia stanowi przestrzeń dla bezpiecznego wyładowania emocji i frustracji, jednak jest ono produktywne, gdy pociąga za sobą świadomość procesu i gotowość na zmiany. Terapeuta nie musi znać każdego szczegółu z życia pacjenta. Podczas terapii pojawia się wiele pytań i zdarza się, że odpowiadanie na nie może być bolesne. Kluczowe jest jednak podzielenie się najważniejszymi momentami z życia, czyli takimi, które wywołują silne emocje jak: wstyd, strach, smutek, ból. Znajomość tych doświadczeń jest niezwykle ważna dla terapeuty, pozwala odpowiednio ukierunkować pracę. Dzielenie się takimi przeżyciami bywa bolesne, ale jest niezwykle uwalniające.

\# Czasem czułam się tak, jakby ktoś zdzierał ze mnie plastry razem ze skórą, ale potem przychodziła ulga.

Terapia grupowa – jak nazwa wskazuje – odbywa się w grupie kilku lub kilkunastu osób, których łączą podobne przeżycia. Zwierzenia i dzielenie się nimi pozwalają stworzyć wspólnotę, a to z kolei dodaje odwagi do zwierzeń. Wartością dodaną jest to, że osoby uczęszczające na terapię grupową często kontynuują znajomości nawet po jej zakończeniu. Nieraz w taki sposób rodzą się przyjaźnie.

Terapia nigdy nie jest wchodzeniem pod górę w jednostajnym tempie. Czasem rozwój przebiega skokowo, zdarza się, że trzeba zawrócić lub zwyczajnie pobyć w jednym miejscu. Bywa też i tak, że szczyt wydaje się ciągle bardzo daleko, chociaż marsz trwa niestrudzenie. Ciągle te same widoki i powtarzalne ruchy, aż można poczuć nudę, jednak to tylko złudzenie.

\# Na początku terapii wydawało mi się, że idę do przodu. Co spotkanie, to ja stawałam się nowym człowiekiem. Potem przyszedł ktoś nowy i zaczął opowiadać, po co jest na grupie, a ja poczułam, że muszę zacząć od nowa, bo ciągle czuję to, co ten nowy.

Bez względu na to, czy będzie to grupa, czy indywidualna praca z terapeutą, można stawać się sobą na nowo. Budzenie się świadomości, że życie nie jest po to, aby upadać, ale aby wstawać, widziałam wielokrotnie. Jest jak przebiśnieg zwiastujący wiosnę. Jeszcze mogą być przymrozki, ale idzie ku lepszemu. Przecież nawet za największymi chmurami jest słońce. I taki jest też sens terapii.

Ponowne przeżywanie bolesnych uczuć z dzieciństwa w bezpieczny sposób możliwe jest tylko podczas terapii. To jakby otwieranie ogromnie ciężkich drzwi, za którymi nie wiemy, co jest, więc zdecydowanie lepiej mieć kogoś do pomocy. Terapeuta pomaga uświadomić problem, motywuje do działania, informuje o kolejnych etapach wzrostu, pomaga wytrwać w terapii. Powinien być osobą empatyczną i wrażliwą na problemy innych. To człowiek, który wykorzystując znane sobie narzędzia, pomaga pacjentowi stawać się lepszym i w miarę bezboleśnie rozprawić się ze swoimi problemami. W terapii grupowej terapeuta znajduje się na drugim planie, a główny nacisk jest położony na relacje pomiędzy członkami grupy. Uczestnicy spotykają się, rozmawiają i w naturalny sposób tworzą się między nimi interakcje. Powstaje grupa, która jest zdecydowanie bardziej tolerancyjna i wrażliwa na krzywdę niż środowisko, w którym na co dzień obracają się pacjenci. Tutaj wszystkich łączą podobne przeżycia i dzięki temu każdy szuka pomocy, ale również sam ją daje. Nikt nikogo nie ocenia i jednocześnie nic nikogo nie dziwi.

W grupie nie ma lepszych lub gorszych, wszyscy są równi. Spotkanie nie jest festiwalem złych rzeczy. Podobne przeżycia dają pewność, że na grupie można opowiedzieć wszystko, każdy szczegół, nawet ten najbardziej ukrywany, i zostać zrozumianym. Dla osób, które długo musiały milczeć o tym, co się działo w ich domu, to możliwość upuszczenia tych wszystkich emocji jak powietrza z balonika. Warunkiem dobrej pracy w grupie jest nastawienie uczestników.

Terapia grupowa może mieć różny charakter. Grupy otwarte to te, w których na każdym spotkaniu mogą dołączyć nowi uczestnicy, bo terapia w takiej grupie trwa cały czas. Zaletą takiej grupy jest przede wszystkim to, że nowi uczestnicy czerpią z doświadczenia stałych bywalców grupy, którzy już od jakiegoś czasu są w cyklu terapeutycznym. Grupę zamkniętą tworzą natomiast uczestnicy, którzy razem zaczynali terapię i razem ją kończą. Każda grupa to swego rodzaju społeczność, gdzie uczestnicy wspierają siebie nawzajem, mają również okazje do konfrontacji ze swoimi nawykami i zachowaniami. Sama świadomość, że podobne problemy w życiu codziennym mają też inni, działa terapeutycznie, wzbudzając jednocześnie chęć pomocy. Warto pamiętać, że nawet w grupie sam proces terapeutyczny nie jest łatwy.

\# Od ludzi w grupie często słyszałam trudne słowa. Nie były to oceny, ale oczekiwałam, że wszyscy będą mnie żałować, płakać ze mną i że będę ciągle głaskana. A tu nie ma za bardzo głasków, tu jest prawda.

Te „głaski" to odpowiedniki komplementów, dobrych słów, pochwały czy nagrody. To coś, co każdy lubi dostawać. I nie jest przesadą stwierdzenie, że bez nich trudno jest nam żyć. Niełatwo znaleźć motywację do działania lub też wierzyć w siebie. Te pozytywne bodźce, które dostaje się od innych ludzi, są niezwykle potrzebne. O fenomenie głasków pisał twórca analizy transakcyjnej Eric Berne, podkreślając, że głaski mogą być pozytywne, ale również negatywne. Na grupie tych pozytywnych głasków jest dużo i one wzmacniają uczestników. Przecież w dzieciństwie raczej nikt nie chwalił, nie mówił, jacy są wspaniali i jak dobrze, że pojawili się na świecie. W domach raczej dostawali głaski negatywne, jak złośliwość, ironia, lekceważenie, co powoduje utratę zaufania do samego siebie. Grupa jest zupełnie inna niż rodzinny dom. Od samego pojawienia się wszyscy uczestnicy wyrażają radość, że się jest, zachęcają do chodzenia, podkreślają, jak ważny jest każdy uczestnik.

Zdarza się, że pozytywne głaski zmieniają osobę narzekającą w radosną i pewną siebie. Uczestnicy grupy to zbiór wielu różnych osobowości i profesji. Zauważenie tego i pochwalenie jest ogromnym wzmocnieniem. Ktoś skrzywdzony, niepotrafiący mówić i myśleć o sobie dobrze, nagle zaczyna słyszeć na swój temat same superlatywy i to go zmienia.

Terapia nie rozwiązuje jednak problemów w sposób magiczny. Nie jest tak, że po pierwszym czy drugim spotkaniu jest od razu lepiej. Po pewnym czasie przynosi jednak efekty, które wpływają na poprawę życia. Życie samo w sobie jest nieustanną zmianą. Każdy staje codziennie przed niewiadomą, co przyniesie dzień. Jedni są w wydarzeniach dnia codziennego bardziej odporni na stres, inni mniej. Tarczą, która nas chroni przed trudnościami, jest rezyliencja, czyli odporność. Jest ona zależna od reaktywności emocjonalnej każdego człowieka, a ta się różni.

Etapy wzrostu

Terapia DDA przebiega zawsze według podobnych etapów.

Etap pierwszy to uzmysłowienie każdemu uczestnikowi, jak bardzo konkretne doświadczenia z przeszłości wpływają na dzisiejsze relacje i zachowania. Słowa słyszane od rodziców, które były jak zaklęcia, wstyd, nadmierne poczucie odpowiedzialności, brak odczuwania przyjemności, wszystko to towarzyszy osobom DDA w dorosłym życiu.

\# Mama ukrywała alkoholizm ojca. Mówiła, że jest zmęczony albo że krzyczy, bo jestem niegrzeczna. Do dziś staram się być w porządku z całym światem, no właśnie, żeby za wszelką cenę być grzeczna. Bycie grzeczną stało się najważniejsze w moim życiu. Nie umiem mówić o swoich potrzebach.

\# Zawsze, kiedy tato był pijany, mama kazała nam robić wszystko, co każe, żeby tylko był spokój. Nie umiem dziś zupełnie powiedzieć, czego pragnę. Nikt mnie nigdy nie pytał, czy czegoś potrzebuję, dlaczego dziś kogokolwiek miałoby to interesować.

Etap drugi to odgrodzenie przeszłości od teraźniejszości, a szczególnie poszukiwanie nowych rozwiązań. Bardzo częstym zjawiskiem jest poczucie stygmatyzacji polegającej na tym, że ten trudny dom i nieraz tragiczne przeżycia definiują nas do końca życia. Uświadomienie sobie negatywnej postawy prezentowanej do tej pory to milowy krok w całej terapii.

\# Kiedy wchodziłam do klasy, miałam poczucie, że wszyscy na mnie patrzą i widzą to, co robił mi mój ojciec. Dziś wiem, że wcale nie musiałam być w kręgu zainteresowań wszystkich, a to uczucie było tylko w mojej głowie.

Wszystkie relacje budujemy na podstawie tej pierwszej najważniejszej, czyli relacji z rodzicami. Kiedy zaczynamy kochać, przenosimy wiele rzeczy z domu jak matrycę. W życiu dziecka w domu alkoholowym nic nie było takie jak powinno. Tam, gdzie najważniejszy jest alkoholik i jego nałóg, nikt nie zwraca uwagi na potrzeby dzieci. Widać to w dorosłym życiu, kiedy osoby takie niemal rozpaczliwie wchodzą w relacje z tymi, którzy w jakiś sposób mogą zaspokoić ten ogromny głód kochania. A wtedy zwyczajnie uciekają przed konfrontacją ze swoimi obawami. Mowa tu o zjawisku przeniesienia, które najbardziej ujawnia się w związkach niesymetrycznych, gdzie jedna osoba jest zależna od drugiej. Przeniesienie odbywa się głównie w sferze emocjonalnej.

\# Kiedy wyszłam za mąż, bardzo chciałam pokochać dom mojego męża, bo chciałam mieć dom. Moja teściowa to dobra kobieta, jednak nie mogłam się przemóc, aby być dla niej życzliwa, niezwykle mnie denerwowała. Dopiero w trakcie terapii doszłam do tego, że ona chwilami przypomina mi moją matkę, szczególnie kiedy odcina się od wszystkich i chce pobyć sama.

Często w obecności takich osób jak lekarze, terapeuci, nauczyciele wyraźnie widać u osób DDA ogromną chęć bycia akceptowanym czy nawet chwalonym. W obecności takich osób często aktywują się potrzeby i emocje przeżywane w stosunku do rodziców.

\# Kiedyś kierowniczka w pracy pochwaliła koleżankę, a nie mnie. Myślałam, że zwariuję. Kilka dni chodziłam zła, wręcz wściekła, potem czułam żal i prawie się zwolniłam. Kiedy byłam na grupie, zaczęłam o tym opowiadać. Czułam, że coś jest nie tak, że przecież kierowniczka mogła pochwalić kogoś innego, niekoniecznie mnie. Wtedy usłyszałam, że przecież ta kierowniczka nie jest moją matką, która zawsze mnie odrzucała. I wtedy zrozumiałam, że to uczucie bycia pomijaną ciągle we mnie jest.

Pacjent powtarza pewne zachowania, które w gabinecie mogą zostać przeanalizowane, dzięki czemu wynikuje się poczucie wpływu na swoje postępowanie i na to, jak przeżywa się określone sytuacje oraz innych ludzi.

Odpowiedzią na przeniesienie jest reakcja przeciwprzeniesieniowa, jak chociażby reakcja na płacz.

\# Kiedy w domu płakałam, nikt nie zwracał na to uwagi. Mogłam chodzić smutna, załamana, a nawet mogło mnie nie być i nikt by nie zauważył. W gabinecie mój płacz zawsze jest zauważany. Na początku płakałam niemal ciągle, teraz już znacznie mniej. Mogę o wielu rzeczach powiedzieć bez zanoszenia się płaczem. I mogę pomalować oczy na wizytę. Dawniej zawsze wychodziłam jak panda z rozmazanym makijażem.

Każdy czasami spotyka się z sytuacją, która powoduje nagły wylew emocji. Nieadekwatna reakcja na zdarzenie powoduje, że dowiadujemy się czegoś o sobie. Reagowanie takie nie jest niczym złym, ważne jest natomiast, co ono uświadamia. Nikt nie wynagrodzi braków z dzieciństwa. Zdanie sobie z tego sprawy toruje drogę do naprawdę dobrej komunikacji.

Etap trzeci terapii to planowanie i wprowadzanie zmian w życiu, nawet tych całkiem drobnych, na podstawie tego, czego uczestnik terapii dowiedział się o sobie. Jest to etap, w którym bardzo ważne jest wsparcie terapeuty lub uczestników grupy terapeutycznej.

\# Stałam się mniej nerwowa, potrafię przemilczeć wiele rzeczy, nie narzekam. Nauczyłam się kontrolować emocje. To chyba najlepsze, co mogło mnie spotkać.

Etap ten to też czas, kiedy ustępuje wiele objawów psychosomatycznych.

\# Potrafię spokojnie przejechać koło starego domu. Dawniej kiedy zbliżałam się w tamto miejsce, od razu szybciej biło mi serce, miałam trudności z oddychaniem. Dziś zwyczajnie nie skupiam się na tym.

Terapia DDA to proces stawania się innym człowiekiem. Jest naprawianiem obecnej rzeczywistości poprzez pracę nad tym, co odnosi się do przeszłości, a co jest realne. I nie chodzi tu od razu o jakieś wielkie zmiany, ale raczej o to, aby wiedząc już, skąd biorą się pewne mechanizmy, spróbować inaczej przeżywać pewne rzeczy.

\# Długo wchodziłam w związki z mężczyznami niezwykle toksycznymi. Cieszyłam się, że na przykład on nie pije, a potem okazywało się, że ma inny nałóg. Dopiero na terapii dowiedziałam się, że każdy z nich przypominał mi ojca i ja ciągle w tych związkach przeżywałam to, co było w domu.

JEŚLI NIGDY NIE MOŻNA
BYŁO BYĆ DZIECKIEM...

DDA to Dorosłe Dziecko Alkoholika, czyli dorosły człowiek, u którego w dzieciństwie w domu alkohol był punktem centralnym, a alkoholizm rodzica – codziennością. W takim domu trzeba szybko dorosnąć, nauczyć się unikać ciosów, chodzić na palcach jak w piosence *Stary niedźwiedź mocno śpi*, która już od dawna nie jest dla mnie zabawna. To dorosły człowiek, który nigdy nie był dzieckiem. Dziecko ma ufać, być kochane, a przede wszystkim bezpieczne. Nadużywanie alkoholu to nie tylko problem alkoholika, ale całej rodziny. Nie znika nawet wtedy, gdy alkoholik jest daleko. Alkoholizm pozbawia dziecko własnej tożsamości, zamiast Kasią, Basią czy Jarkiem, staje się ono dzieckiem alkoholika lub alkoholiczki.

Dzieci w domach alkoholowych często biorą na siebie winę za nałóg rodzica. Trudno jest im pojąć, że raz rodzic potrafi być kochany, a za kilka dni zupełnie zmienia swoje oblicze. Nie wiadomo, czy trzeba będzie uciekać do sąsiadki lub do babci, czy jednak będzie można spać w domu. Przystosowanie się do takich warunków wymaga ogromnej samokontroli, ponieważ jeden niepotrzebny ruch może spowodować awanturę. Dziecko wskutek tego zaczyna wierzyć, że cała sytuacja w domu zachodzi z jego powodu, bierze więc na siebie odpowiedzialność za to, że rodzic pije. Z tym poczuciem winy małe dziecko wchodzi w dorosłość i to poczucie winy daje o sobie znać w relacjach z bliskimi. Bez uwolnienia się od niego trudno żyć. Obwinianie się za wszystkie nieszczęścia świata, za złe samopoczucie partnera, jego problemy w pracy, deszcz nie w porę i zbyt mocne słońce. Życie w strachu w dzieciństwie tworzy z kolei w dorosłym życiu tendencje do przeżywania wszelkiej rzeczywistości z pozycji ofiary. Osoby takie charakteryzuje przede wszystkim pesymizm i przekonanie, że życie jest poza ich kontrolą. Charakterystyczne jest nieustanne użalanie się nad sobą i niepodejmowanie żadnej próby, aby cokolwiek naprawić. Tkwią w przekonaniu, że wszystkiemu winne są nieszczęścia, jakie im się przydarzają, podczas gdy tak naprawdę nie chcą niczego w życiu zmienić. Nie podejmują również w życiu żadnych decyzji, bo są przecież nieszczęśliwe. Ich samoocena wzrasta tylko wtedy, gdy są chwalone, i potrafią wymuszać to na otoczeniu. Są osobami zorientowanym zewnętrznie, czyli swoją samoocenę i pewność siebie opierają na tym, co inni powiedzą.

Wielka Tajemnica

Czym jest Wielka Tajemnica? To moja nazwa na to, co dzieje się w takich domach. Dzieci w domach alkoholowych nie mogą mówić, nie mogą ufać i nie mogą czuć. Cokolwiek się dzieje, wszystko jest tajemnicą i musi zostać w domu. Oznacza to nieustanne zaprzeczanie temu, co dziecko widzi, a kłamstwo staje się codziennym sposobem komunikacji.

\# Kiedy tato był pijany, a ktoś z sąsiadów o niego pytał, mówiliśmy, że jest chory i śpi, a kiedy pił kilka dni w domu, sam ze sobą, to nie wchodziliśmy do jego pokoju, i gdyby ktoś się pytał, mówiliśmy, że dużo pracuje i potrzebuje ciszy. Najdziwniejsze było to, że nikt w domu nie nazywał rzeczy po imieniu.

\# Najgorzej było, gdy była wywiadówka, a on się uparł, że pójdzie. Obiecywał, że się zachowa i nie będzie pił, ale szedł od krawężnika do krawężnika. Bóg jeden wie, co tam wygadywał. Nie miałam do nikogo zaufania, aby opowiedzieć, że się wstydzę.

Pijący dorosły nigdy nie dotrzymywał słowa. Obiecywał, że już nie będzie pił, i tak było zawsze do kolejnego razu. Takie doświadczenia uczą braku ufności wobec kogokolwiek, co powoduje trudności w relacjach. Do tej Wielkiej Tajemnicy dochodzi jeszcze zakaz czucia. Dziecko w takim domu nie może okazywać ani złości, ani nienawiści czy smutku. Spycha te emocje głęboko i w dorosłym życiu może nie potrafić stawiać granic. Brak kontaktu ze złością może doprowadzić do całkowitego braku rozpoznawania jej we wczesnym etapie, kiedy na przykład czyjeś postępowanie rodzi irytację i wewnętrzny protest. To znacznie utrudnia mówienie o tym, co nas drażni lub co nas boli i sprawia nam przykrość. Dziecko w rodzinie alkoholowej milczy, nie opowiada o tym, co się dzieje w domu, ma zaciśnięte gardło i coraz bardziej nie może mówić. Znam dzieci, które mimo naprawdę złego domu opowiadają o nim w samych superlatywach. Nic innego nie mogą powiedzieć. Prawda zostaje w gardle, rośnie z każdym rokiem życia.

Wielka Tajemnica to w rodzinie ukryta reguła. O alkoholizmie taty nic nie mówimy, o tym, jak zachowuje się mama, nie wspominamy. Milczenie o problemie to główna zasada, której nie wolno łamać. Bo ta Wielka Tajemnica w końcu staje się zasadą obowiązującą w rodzinie. Przystosowując się do takiej sytuacji, dziecko potrafi na poczekaniu stworzyć swoją wizję rodziny:

\# Bywało, że tato pił dwa tygodnie cały czas. Nie wychodził wtedy z domu, tylko pił. Alkohol dostarczała mu chyba mama, nie wiem. Ja wtedy opowiadałam w szkole, że tato jest za granicą. Przytaczałam nawet to, co mówi do nas przez telefon, kiedy dzwoni.

Te wyuczone reakcje, unikanie sytuacji problematycznych i unikanie mówienia prawdy pozwalają zaadaptować się do świata w taki sposób, aby nie wzbudzać żadnych podejrzeń. Efekt jest taki, że żadne problemy nie zostają rozwiązane, a w życiu dorosłym normą staje się zakładanie różnych masek.

\# Potrafię opowiadać o moim mężu, jaki jest cudowny i wspaniały, jak mnie kocha i zabiega o mnie, ale tak naprawdę jest zupełnie odwrotnie, a ja tworzę swoją rzeczywistość.

Małe dziecko jest zupełnie zależne od rodziców. Przebywając nieustannie w domu pełnym kłamstw, nie ma możliwości uciec od zmowy milczenia wokół alkoholizmu jednego z rodziców. Ta konieczność ukrywania problemu prowadzi do izolacji rodziny od sąsiadów i znajomych, a ujawnienie tej tajemnicy może zostać uznane za zdradę i brak lojalności.

Poczucie kontroli

Kontrola nad własnymi uczuciami i zachowaniem jest jedną ze strategii przystosowania się do życia w domu z pijącym rodzicem. Pomaga to dziecku uporządkować chaotyczną rzeczywistość i daje złudne przekonanie, że można kontrolować zachowania rodziców i sprawić, że przestaną krzyczeć lub bić. Rzeczywistość jest jednak zupełnie inna. Dziecko nie ma kontroli nad niczym. Pijany rodzic nie jest w stanie brać odpowiedzialności za siebie, a tym bardziej za dzieci. Zatem to na dziecko spada poczucie odpowiedzialności, przez co w dorosłym życiu czuje się odpowiedzialne za naprawianie błędów innych ludzi.

W dorosłym życiu ta potrzeba kontroli przejawiać się może w sposób subtelny, chociażby upartym poprawianiem obrusu na stole, ale również w sposób drastyczny, w postaci na przykład terroryzowania rodziny, aby robili coś wbrew sobie. Nadmierne kontrolowanie to przede wszystkim trudność w delegowaniu zadań i proszeniu o pomoc, co niezwykle wyraźnie widać w pracy. Cechą potrzeby kontrolowania jest również brak spontaniczności, krytycyzm, trudność w akceptowaniu zmian, manipulacja i stawianie ultimatum. Nieustanne kontrolowanie siebie jest oznaką, że nie ufamy swoim intuicyjnym i instynktownym zachowaniom i przez to obawiamy się, że spontaniczność obnaży nasze prawdziwe ja. Ukrywanie swoich potencjalnych braków dla wielu staje się wówczas codziennością.

\# Udawałam, tak, dzisiaj mogę to śmiało powiedzieć, że udawałam, że znam się na wszystkim. Nieustannie byłam w napięciu, żeby czasem nie okazało się, że czegoś nie wiem, i zawsze wtrącałam się do rozmowy. Byłam okropna dla innych.

Stan potrzeby nieustannej kontroli jest szkodliwy nie tylko dla ludzi z otoczenia, ale również dla samego kontrolującego. Powoduje nieustanne odczucie napięcia, czy wszystko pójdzie jak trzeba, a ponieważ jest to sytuacja stresowa, wzmaga się wydzielanie kortyzolu. Ten tak zwany hormon stresu ma za zadanie dodanie energii w sytuacjach stresowych poprzez zwiększenie stężenia glukozy we krwi. Najwyższe stężenie kortyzolu we krwi notuje się rano, a najniższe wieczorem. Pomaga on radzić sobie ze stresem, łagodzi stany zapalne i odpowiada za reakcje immunologiczne organizmu. Problem pojawia się wtedy, gdy jest go za dużo. Powoduje to zmiany nastroju i depresję, odkładanie tkanki tłuszczowej, problemy skórne, ból kości i stawów. W dłuższej perspektywie jego nadmiar może prowadzić do nadciśnienia tętniczego krwi, co z kolei powoduje wiele poważnych schorzeń oraz znaczny spadek odporności organizmu. Przyrost kortyzolu odpowiedzialny jest również za przyrost masy ciała. Sytuacje stresowe bardzo często wzmagają apetyt, co prowadzi do przyjmowania nadmiaru kalorii, czego konsekwencją jest przyrost tkanki tłuszczowej. Skrajnym następstwem może być insulinooporność. Nadmierna obecność kortyzolu wpływa również na układ nerwowy. U osób, którym towarzyszy długotrwały i przewlekły stres, mogą występować drgawki, zaburzenia widzenia, uczucie niepokoju i zwiększona agresja.

Stop emocjom – zabicie spontanicznego dziecka

Emocje to stany psychiczne wywołujące nie tylko określone zachowania, jak na przykład ucieczka czy płacz, ale również zmiany na poziomie fizjologicznym, somatycznym i psychicznym. Wielu autorów prac na temat emocji wprowadza jeszcze takie pojęcia jak uczucie, afekt, doznanie, czucie, sentyment itd. Stanowią nieodłączne tło codziennego funkcjonowania. Ich powstawanie najprościej można przedstawić w następujący sposób: mózg dostaje bodziec, przetwarza, jakie ma on znaczenie dla organizmu, i następuje reakcja. Wzorce emocji są po części wrodzone, ale w trakcie życia, w wyniku nabywania umiejętności życiowych i doświadczeń, rozwijają się i ulegają przemianom. Ich rozwój przebiega na dwa sposoby. Pierwszy to wytworzenie wzorców emocji związanych ze środowiskiem społecznym, zasadami i zwyczajami, co pozwala na przeżywanie ich podobnie jak inni ludzie. Dzięki temu reakcje społeczne są dostosowane do oczekiwań społeczności. W rodzinach alkoholowych tym dostosowaniem niestety jest zamrożenie emocji. Nie wolno okazywać tego, co się czuje, a w konsekwencji – nie wolno czuć.

Drugi etap rozwoju emocji to ich przetwarzanie tak, aby odpowiadały zasadom odpowiadającym społeczności, ale w taki sposób, aby ich doświadczanie było zgodne z indywidualnymi cechami jednostki, czyli wartościami i stylem życia. Styl życia w rodzinach alkoholowych nie jest dobrym wzorem do naśladowania. Dzieci mają przede wszystkim siedzieć cicho, nie komentować i nic nikomu nie mówić. Mają to, co się dzieje w domu, przyjąć jako coś zwyczajnego.

Nałogowe picie jednej osoby z rodziny przysparza wielu poważnych problemów całej rodzinie, prowadząc do jej destrukcji i rozpadu. Schemat postępowania większości rodzin dotkniętych uzależnieniem polega przede wszystkim na koncentracji życia całej rodziny wokół alkoholu. Okresy niepicia przeplatają się z ciągami alkoholowymi, lecz zawsze budzą nadzieję na zmianę i powrót do życia sprzed uzależnienia. Emocje dostępne i namacalne dla wielu nie są dostępne dla wszystkich.

„Nie czuj, nie mów, nie ufaj" – trzy niewypowiedziane zasady, które obowiązują w domu uzależnionego i powodują, że następuje zahamowanie emocji.

Na pierwszych spotkaniach w grupie czy też na terapii indywidualnej często da się zauważyć sztywność i zahamowanie, jeśli chodzi o wyrażanie swoich emocji. Widać wyraźnie, że uczestnicy kontrolują się i nie są spontaniczni oraz wyżej cenią sobie samokontrolę niż bliskość w relacjach międzyludzkich. Powoduje tym nic innego jak lęk przed porzuceniem, wstydem lub jakąś inną bliżej nieokreśloną karą.

\# Na początku nie chciałam w ogóle mówić i nie potrafiłam się nawet śmiać. Byłam sztywna jak Pinokio. Patrzyłam na osoby dookoła, widziałam, jak wiele z nich żywo reaguje na to, co mówią inni, a ja nie umiałam. Czułam się jak lalka z porcelany.

Kontrolowanie emocji jest wyrazem dojrzałości, jednak osoby DDA czasem idą w tym za daleko. Dziecko, które w nich tkwi, zupełnie pozbawili spontaniczności, zapomnieli, jak się cieszyć, bawić i jak być w tym wszystkim naturalnym. Przekonani, że wyrażanie emocji jest czymś niewłaściwym, żyją w przeświadczeniu, że właściwa jest samokontrola i nieuleganie emocjom. Tłumienie emocji dość często ma swoje źródło w zawstydzaniu przez rodziców lub przez inne ważne osoby pełniące rolę autorytetu, kiedy w spontaniczny sposób dziecko okazywało radość lub smutek. Tłumienie występuje w różnych obszarach, na przykład gniewu lub uczuć pozytywnych, takich jak miłość, afekt, podniecenie seksualne, wyrażanie słabości.

Tłumienie gniewu jest pozornym zachowaniem spokoju w sytuacji, kiedy inni się irytują i sygnalizują, co się z nimi dzieje. Złość narasta w każdym, natomiast osoby z zahamowaniem emocji albo nie potrafią jej rozpoznać, albo nie okazują jej na zewnątrz. Konsekwencją może być ignorowanie ich potrzeb przez otoczenie, które nie zdaje sobie sprawy z ich stanu. Długie hamowanie złości może z kolei spowodować wybuchy pełne agresji.

\# Długo siedziałam cicho, ale zdarzyło się tak, że ktoś bardzo mnie zdenerwował w pracy. Na zewnątrz długo byłam spokojna, ale wewnątrz wszystko wrzało jak pod pokrywką czajnika. W końcu wybuchłam i zaczęłam mocno krzyczeć, wykrzyczałam wszystko, cały mobbing. To było bardzo intensywne, ale pokazało mi, że potrafię.

Zahamowanie emocjonalne kradnie również przyjemność z przeżywania przyjemnych i spontanicznych doznań. Trudno cieszyć się z seksu, mieć przyjemność z tańca czy chociażby podziwiać piękno przyrody. Przez to osoby takie są odbierane jako sztywne lub zblazowane. Niemożność okazywania uczuć takich jak przygnębienie, smutek czy bezsilność powodują natomiast trudności w otrzymywaniu wsparcia.

Emocje mają do spełnienia przede wszystkim trzy funkcje. Funkcja adaptacyjna wiąże się z przygotowaniem organizmu do działania. To te chwile, kiedy na przykład trzeba uciekać. W rodzinie alkoholowej funkcja ta jest niezwykle rozwinięta. Dziecko uczy się uciekać przed ciosem, czuje, kiedy trzeba szybko wyjść z pokoju lub z domu. Bywa, że w ten sposób ratuje sobie życie.

\# Jak widziałam z okna, że ojciec szuka zaczepki, to zwyczajnie uciekałam z domu. Wolałam siedzieć na klatce niż podejść mu pod rękę. Bywało, że siedziałam tam do późna w nocy.

Funkcja społeczna pozwala na rozpoznanie lub przewidywanie reakcji otoczenia, co jest niezbędne w relacjach międzyludzkich. Dziecko pijanego rodzica uczy się doskonale rozpoznawać jego humory i stan emocjonalny. To ważne, aby przetrwać.

\# Jak tylko wchodził, wiedziałyśmy z siostrą, czy będzie mocno bił, czy tylko trochę. Nie wiem skąd, ale to weszło w nasz krwiobieg.

Funkcja motywacyjna wiąże się z przeżywaniem i okazywaniem emocji. Dobre kontakty z kimś motywują do ponownego spotkania, natomiast złe doświadczenia sprawiają, że unikamy z tą osobą jakichkolwiek spotkań.

\# Przychodził do nas taki wujek, który pił z ojcem. Często brał mnie na kolana i gładził po plecach. Byłam mała i nie rozumiałam tego, ale czułam, że to mi się nie podoba. Jak podrosłam, zaczęłam uciekać z domu, kiedy on przychodził.

Zamrożenie emocji w rodzinach alkoholowych jest potrzebne do przetrwania. Inaczej trudno byłoby to wszystko znieść. Kobiety, słuchając swoich opowieści podczas spotkań, często same dziwiły się, jak można było przeżyć tak traumatyczne chwile. Uświadomienie sobie swoich emocji, szczególnie podczas terapii, jest związane z rozwojem tzw. inteligencji emocjonalnej. Gdyby uczono jej w szkole, życie wielu ludzi stałoby się łatwiejsze. Inteligencja ta jest zdolnością, która pozwala na rozpoznawanie uczuć własnych i innych osób. Praca nad nią jest głównym elementem terapii i powinna być prowadzona w szkołach, i to już podstawowych. Im bardziej jesteśmy otwarci na własne emocje, tym lepiej odczytujemy uczucia innych osób. Empatia jest fundamentalną zdolnością pozwalającą ludziom obcować ze sobą. Osoby posiadające dobrze rozwiniętą zdolność empatii są bardziej wyczulone na krzywdę innych i ich potrzeby społeczne. Osoby DDA stają się podczas terapii niezwykle wrażliwymi ludźmi, dlatego często potem sami zostają psychoterapeutami lub pomagają w różnych organizacjach. Ich wyczulenie na ludzką krzywdę jest nie do przecenienia.

Z rozwojem inteligencji emocjonalnej wiąże się również umiejętność motywowania siebie, co jest fundamentem w osiąganiu swoich celów. Kiedy odczuwa się prawdziwą motywację, wysiłek zabiera każdego tam, gdzie chce dotrzeć. Z motywacją łączy się upór, który pozwala przetrwać nawet najgorsze chwile. Motywacją w terapii jest polepszenie życia, bo coś gdzieś uwiera i nie daje spokoju, i chociaż bywa trudno, niewiele osób rezygnuje. Pragnienie lepszego życia dodaje sił. Łączy się z tym spoglądanie w przyszłość po to, aby odłożyć na bok strach przed porażką. Potrzeba nieraz wiele determinacji, aby dojść do celu, i bywa, że w znalezieniu motywacji pomaga nieraz nowa rodzina, grupa terapeutyczna lub terapeuta.

Motywacją jest również odnalezienie własnej ścieżki do lepszego życia, bo dla każdego droga jest inna. Nie trzeba się porównywać do innych, ale szukać swoich rozwiązań. Uczenie się od innych jest niezwykle ważne, jednak w tej nauce trzeba odnaleźć swoją ścieżkę.

Inteligencja emocjonalna to również kierowanie emocjami – zarówno własnymi, jak i osób znaczących. Aby to osiągnąć, należy nauczyć się je rozpoznawać i panować nad nimi. To nauka monitorowania swojego ciała, które reaguje na każdą emocję, obserwowania i zmiany języka, kiedy zbyt często powtarzane są słowa: „nie potrafię", „nie zrobię" lub chociażby „mam wszystkiego dość", oraz kształtowanie umiejętności koncentracji na pozytywnych aspektach życia.

Dzięki utrzymywaniu emocji w równowadze człowiek nie postępuje wbrew sobie, wie, co jest dla niego dobre, a co złe. Emocje nie są po to, aby przeszkadzać w życiu, a ich rozpoznawanie bardzo ułatwia codzienne funkcjonowanie. Nie rodzą się one spontanicznie ani nie znikają jak za dotknięciem czarodziejskiej różdżki. Tłumienie tego, co się czuje, nie jest dobre.

\# Na terapii zwyczajnie pozwoliłam sobie w końcu na płacz i żal. To niesamowite, jak mnie to zbudowało.

Rozwijając inteligencję emocjonalną, pracuje się nad kompetencjami emocjonalnymi i społecznymi, takimi jak samokontrola, empatia, wiara w siebie, sumienność, elastyczność, zdolność do współpracy, umiejętność łagodzenia konfliktów. Dzięki temu to, co przez tyle lat tłumione, zaczyna rozkwitać. Uczestnicy terapii często zmieniają swoje życie – nie tylko w sensie prywatnym, ale przede wszystkim zawodowym. Zaczynają spełniać swoje marzenia o sztuce, o studiach czy zmianie pracy. Budzenie świadomości swoich emocji to kluczowe zadanie, które jest obecne przez cały czas trwania terapii.

Pierwsze imię – wstyd

Nieodłącznym uczuciem, jakie oprócz lęku dominuje w domach alkoholowych, jest wstyd, który idzie w parze z winą. DDA czuje się winne całej sytuacji, a wina ta jest narzędziem przemocy psychicznej. To błędne koło, w które wpędzane są dzieci z rodzin alkoholowych. Dziecko wstydzi się pijanego rodzica, a jednocześnie nie potrafi naprawić tej sytuacji. Do tego dochodzi poczucie stygmatyzacji wśród rówieśników.

Wstyd wynika z przekonania o własnych brakach, z poczucia upokorzenia i wrażenia bycia nie do końca dobrym. Osoba, która odczuwa wstyd, doświadcza całej gamy uczuć powodujących silny dyskomfort. Bardzo często chce się izolować Sam wstyd nie jest do końca zły. Informuje o przekroczeniu granic i może też być motywatorem do działania. W rodzinie alkoholowej wydaje się pełnić rolę narzędzia zapobiegającego utracie wspólnoty. Dziecko, które okazuje wstyd, skupia uwagę na sobie, co powoduje empatyczną reakcję innych.

Poczucie wstydu przyczynia się jednak do tuszowania alkoholizmu. Dzięki temu, że inni nie widzą problemu, nie ma potrzeby odpowiadać na niewygodne pytania, a co za tym idzie – nie trzeba się konfrontować z własnymi odczuciami związanymi z alkoholizmem rodzica.

\# Kiedy ktoś mnie pytał, czy mój tato pije alkohol, zawsze mówiłam, że tato nie pije, że czasem jest chory.

Wstyd nie kończy się wraz z opuszczeniem domu. Towarzyszy on osobom DDA w dorosłym życiu. To nieustanne przekonanie, że jest się niepełnowartościowym, gorszym i niechcianym, jakby moje życie miało defekt, którego nikt nie powinien odkryć. Osoby takie często krytykują siebie i, obwiniając się za wszystko, wycofują się z relacji. Wstyd potęguje również nieustanne porównywanie się z innymi, spodziewając się jedynie odrzucenia. DDA nie znoszą również żadnej krytyki, traktując ją jako atak na siebie.

\# Cokolwiek robiłam, zawsze zastanawiałam się nad tym, co ludzie powiedzą. To okrutnie męczyło. Coś okropnego. Mało

tego, nawet jak ktoś chciał mi pomóc i mówił, że można byłoby to zrobić trochę inaczej, dostawałam szału i złościłam się,
bo przecież ja zrobiłam to najlepiej. A jednocześnie czułam,
że jestem nic niewarta.

Przekonanie, że nie można było w żaden sposób zapobiec
nałogowi rodzica, powoduje w dorosłym życiu przekonanie,
że aby zasługiwać na przyjaźń, miłość lub chociażby szacunek,
trzeba być wystarczająco dobrym. Dotyczy to zarówno charak-
teru, osiągnięć, jak i sylwetki.

\# Kiedy jakiś chłopak chciał się ze mną umówić, to rzecz jasna
mówiłam „nie", no bo przecież byłam przekonana, że tak
naprawdę nie chciał. Po co miałam się rozczarować.

Najważniejsze jest to, że z poczuciem wstydu można sobie
poradzić – i to zdecydowanie łatwiej niż z potrzebą kontroli czy brakiem zaufania. Wiedza o tym, co się działo
w dzieciństwie i kto ponosi za to odpowiedzialność, pozwala
prowadzić dialog z wewnętrznym krytykiem na argumenty,
wygrywając za każdym razem, gdy on znowu próbuje wzbu-
dzić poczucie winy.

Proces wyzwalania się z poczucia wstydu składa się z kilku
etapów. Na początku trzeba poznać schematy, w jakich poczucie wstydu powstawało, wówczas następuje zdjęcie z barków
poczucia winy, zbadanie własnych emocji i potrzeb. Kolejny etap to zbudowanie odpowiedniej obrony i pełne empatii

zaopiekowanie się sobą z przeszłości oraz rozwijanie dialogu wewnętrznego, służącego obronie własnego ja.

Wstyd często może występować na równi z niezrównoważeniem emocjonalnym, co przejawia się nieprawidłową reakcją na bodźce, a to może być przyczyną na przykład niespodziewanych ataków paniki.

\# Miałam długo taki czas, że kiedy słyszałam zgrzyt zamka w drzwiach, natychmiast sztywniałam i nie mogłam się ruszyć. To było jakby przypomnienie chwili, kiedy mój ojciec wtaczał się do domu i ledwo szedł po klatce. Wszyscy go widzieli.

Osoby, które mocno odczuwają wstyd, mają częściej trudności ze znalezieniem sensu życia i poczucia sprawczości. Sprawczość to nic innego jak przekonanie, że wynik mojego działania ma związek z tym, co robię, czyli posiadam kontrolę nad sobą. Dziecko w rodzinie alkoholowej zupełnie nie czuje, że ma jakikolwiek wpływ na to, co się dzieje dookoła. W dorosłym życiu przekonanie, że życiem kieruje los albo ktokolwiek inny, powoduje, że osoba znajdzie miliony usprawiedliwień dla zaniechania próby podjęcia zmiany. Warto wtedy odwołać się do tego, co już udało się tej osobie osiągnąć.

Być może nie zdajemy sobie sprawy z tego, jak wielkie szkody może powodować wstyd w naszym życiu. To ze wstydu kobiety ulegające przemocy milczą, ze wstydu nie mówimy prawdy o sobie i ze wstydu boimy się czuć.

Drugie imię – wina

Poczucie winy jest wpisane w życie każdego człowieka. Chociaż nikt nie lubi poczucia, że zrobiło się coś nie tak, to jednak jest ono potrzebne, a przede wszystkim świadczy o dojrzałości. W domu, w którym rodzice przestrzegają norm moralnych, jest łatwiej. Dziecko wie, co jest dobre, a co złe, potrafi wyczuć, kiedy robi komuś krzywdę i co to znaczy kłamać. Normalne poczucie winy jest potrzebne, przyznanie się do tego, że zrobiło się coś złego, jest przykładem uczenia się na błędach. Dziecko, które wychowuje się tak naprawdę samo, bo jego rodzice nie spełniają swoich zadań, może mieć z tym problem. Stan, w którym poczucie winy człowieka nie opuszcza, utrudnia normalne funkcjonowanie i powoduje nieustanne wymierzanie sobie kary. Osoba taka obwinia się za rozpad związku, chorobę lub czyjąś śmierć, niepowodzenia innych w pracy czy jej utratę, a nawet za złą pogodę lub czyjś wypadek. To jest jak ciągłe torturowanie siebie. Pojawia się zawsze mimo tego, że nie zrobiło się nic złego. Jest to uczucie zupełnie nielogiczne i irracjonalne.

\# Pojechaliśmy zaraz po ślubie na wymarzony wyjazd. Miało być piękne słońce, ale niemal ciągle padał deszcz. Polskie morze w deszczu jest niefajne, nawet jak się jest młodym i zakochanym. Byłam przekonana, że to przeze mnie, bo ja uparłam się na ten termin. Kiedy wyjeżdżaliśmy, zaczęło być upalnie.

\# To absurdalne, ale kiedy zwolnili z pracy mojego męża, ja czułam się winna. Nie wiem dlaczego, ale obwiniałam się, że to na pewno przeze mnie. Zamęczałam go moimi wyrzutami sumienia. Dziwne, że wtedy mnie nie zostawił.

Każdy rodzic popełnia błędy. Krzyknie, zignoruje, czasem zwyczajnie pozwoli na zbyt dużo, jednak to są błędy, które nie zaburzają rozwoju emocjonalnego dziecka. Wzbudzanie poczucia winy u dziecka jest jednak niszczycielską techniką manipulacji. Dziecko od małego uczy się dostosowywania do potrzeb rodziców, aby nie wzbudzać żadnych negatywnych reakcji. Żyje w ciągłym strachu, że swoim postepowaniem spowoduje przykre sytuacje, krzyk, niezadowolenie albo wręcz zachowania destrukcyjne, jak nadużywanie alkoholu. W rezultacie zaniedbuje swoje potrzeby, nie chce nikogo zawieść. To poczucie przekłada się na dorosłe życie.

Poczucie winy, w rodzinie alkoholowej wpajane od dziecka, powoduje brak umiejętności stawiania siebie na pierwszym miejscu. Taki dorosły jest ukierunkowany na spełnianie oczekiwań innych, co powoduje nie tylko brak umiejętności nazwania swoich potrzeb, ale też ryzyko, że osoba taka łatwo może paść ofiarą nadużyć.

\# Zamęczałam wszystkich w domu spełnianiem ich zachcianek. Zamęczałam, bo wcale tego nie chcieli. Byłam matką i żoną ukierunkowaną tylko na potrzeby innych. Nie potrafiłam nawet nazwać tego, czego chcę. Kiedy na terapii zadano mi takie pytanie, długo milczałam. Nikt nigdy mnie o to nie pytał.

Poczucie winy to także wyrzuty sumienia z powodu odczuwania przyjemności. Fryzjer, kawa z koleżanką, błogie nicnierobienie, sen w ciągu dnia, zakupy dla siebie – wszystkie te drobne przyjemności powodują poczucie marnowania czasu. Branie winy na siebie za wszystko to dość powszechna rzeczywistość. Czasem to prawdziwe odczucie, a czasem okazja do zwrócenia na siebie uwagi. Jedno jest pewne – nic nie jest winą dziecka.

Okropne myśli – ruminacje

Każdy od czasu do czasu doświadcza takich chwil, kiedy trudno pozbyć się natrętnych myśli. Czasem aż trudno skoncentrować się na bieżących czynnościach. Naukowo zostało to określone jako ruminacje. Termin ten oznacza nawracające negatywne myśli, które nie wiążą się bezpośrednio z aktualnie wykonywanymi działaniami i nie są pomocne w rozumieniu czy wyjaśnianiu sytuacji. Bardzo często myśli te dotyczą samego siebie, ale mogą być również połączone z innymi ludźmi lub wydarzeniami. Intensywność tych myśli powoduje obniżenie nastroju, poczucie niepewności oraz tendencję do przedstawienia siebie w niekorzystnym świetle.

\# Kiedyś pokłóciłam się z koleżanką w pracy. O głupotę, jak to zwykle bywa, największe kłótnie są właśnie o nic wielkiego. Nie dawało mi to spokoju przez kilka kolejnych dni. Koleżanka już nie pamiętała o tym zdarzeniu i zachowywała się, jakby nigdy nic, a ja rozpamiętywałam każde słowo.

Ruminacje są odpowiedzią na negatywne zdarzenia w naszym życiu, gdy nie potrafimy sobie poradzić z emocjami. Tworzenie i zagłębianie się w negatywnych myślach to jeden z mechanizmów radzenia sobie z nimi, jednak zdecydowanie mało efektywny. Bardzo często od takich przemyśleń zaczyna się depresja. Są również reakcją na traumę, a ludzi, u których się pojawiają, cechuje zwykle wysoki poziom lęku i niska samoocena. Życie w rodzinie alkoholowej jest szczególnie narażone na traumy.

Ruminacje powodują, że nie ma możliwości skupiania się na tym, co pozytywne. W myślach pojawia się szereg pytań, które pozostają bez odpowiedzi, a same myśli krążą tylko wokół tego, co przykre, jak rozpamiętywanie porażki lub emocji spowodowanych przez negatywne zachowanie. To wzbudza poczucie bezradności i pogarsza samoocenę, obniżając pewność siebie. Niestety ruminacja może stać się nawykiem i sposobem na tłumienie porażek i bierności wobec wydarzeń.

Podczas terapii pracuje się nad zrozumieniem przede wszystkim tego, jak bardzo strategia narzekania jest szkodliwa. Skupianie się na swoich wadach i niepowodzeniach w żaden sposób nie pomaga w rozwiązywaniu problemów. Każdy człowiek ma swoje wady i zalety i to sprawia, że jest wyjątkowy. Podczas terapii bardzo dobrze działa ćwiczenie wyciągania z każdej porażki lekcji do nauki, a nie przekonania o upadku. Ważne jest też, aby nie upatrywać za każdym razem winy tylko w sobie. Jeśli u osoby występują tendencje do ruminacji, warto przestać rozpatrywać przeszłość, a zacząć dostrzegać to, co dzieje się tu i teraz, spoglądając z nadzieją w przyszłość. W tym pomaga otaczanie się ludźmi, którzy są pozytywni i motywujący do działania. Warto pamiętać, że refleksja nad sobą może nieść bardzo pozytywne skutki. Nie wolno się pozbawiać twórczego rozmyślania nad tym, co jest w nas, a już na pewno radości z każdego nowego dnia. Każdy nowy dzień to przecież nowe życie. Co wieczór rozgrzebał, poranek może uporządkować.

Strach przed... wszystkim

Strach jest jedną z najbardziej naturalnych emocji pojawiającą się przez niemal całe życie. To strach ratuje życie, mobilizując siły organizmu w razie wystąpienia niebezpieczeństwa, pomaga walczyć z przeciwnościami losu, motywuje do działania. Stanowi on ludzki system alarmowy, który pozwala nam przetrwać. Właśnie przetrwanie zmusza dziecko w rodzinie alkoholowej do stworzenia pancerza ochronnego, który polega przede wszystkim na blokowaniu przeżywanych emocji. Życie w takim domu nauczyło DDA wyczuwać zbliżające się niebezpieczeństwo.

Umiejętność dostosowywania się do nastrojów rodziców wymaga wysokiej czujności na niebezpieczeństwa, a co za tym idzie, nieustannego oczekiwania na to, co może nastąpić. Życie takiego dziecka to ciągłe wyczekiwanie zagrożenia i przekonanie, że świat jest niebezpieczny. A to wytwarza nawyk przewidywania i analizowania świata. Te emocje nie znikają wraz z dojrzewaniem. W życiu dorosłym DDA stanowią kolejny bagaż, który ciąży, wpływając przede wszystkim na relacje z innymi, bo dość szybko okazuje się, że życie w strachu, które w dzieciństwie pozwalało przeżyć, dorosłemu człowiekowi nie daje satysfakcji. Skutkuje zupełnym brakiem spontaniczności, zaufania do ludzi i może spowodować brak umiejętności budowania zdrowych relacji.

\# Bałam się wszystkiego, a przede wszystkim podejmowania decyzji. Pracowałam w zakładzie, w którym panował straszny mobbing. Nie potrafiłam odejść stamtąd, bo nie mogłam podjąć decyzji. Okropne to było. Zaczęłam chodzić na grupę i to dziewczyny z grupy uświadomiły mi, że jest problem, że ten strach ciągle we mnie tkwi.

U Dorosłych Dzieci Alkoholików bardzo mocno widoczny jest strach przed zmianą. Mimo tego, że nie wszystkie zmiany są pozytywne, trudno przed nimi uciec. Nie ma rzecz jasna niczego złego w braku chęci do zmian, szczególnie gdy życie jest uporządkowane i stabilne. Jednak jeśli sam fakt możliwości zmiany paraliżuje i sprawia, że pojawia się myśl o ucieczce, może to być niepokojące. Przyczyn może być wiele, ponieważ każdy człowiek ma swoją strefę komfortu i nie zawsze jest gotowy, aby z niej wyjść. Wpływa na to również niskie poczucie własnej wartości, które jest charakterystyczne dla DDA – związane z brakiem wiary w to, że zmiany mogą być pozytywne.

\# Zanim zdecydowałam się zmienić pracę, przez kilka tygodni pytałam wszystkich dookoła, czy to dobre, czy nie. Dziwne, bo przecież nie było mi dobrze tam, gdzie byłam. Ale, jak to mówią, lepszy wróg znany. Nie pomyślałam tylko, że praca nie musi oznaczać wroga.

Lęk przed zmianami może znacznie utrudnić życie, bez względu na to, czy dotyczy on DDA, czy osób bez syndromu. Nie musi wiązać się z pracą czy wyprowadzką. Taka osoba może chociażby wycofywać się z relacji, nie chcieć kontynuować znajomości, szczególnie gdy stanie się poważna.

Oprócz lęku przed zmianami u osób z syndromem DDA pojawia się również lęk przed porażką, wstydem i zakłopotaniem, przed niepewną przyszłością, przed negatywną samooceną, utratą zainteresowania znaczących osób lub przed spowodowaniem ich niezadowolenia. Niektóre z tych lęków powodują zjawisko tzw. prokrastynacji. Zjawisko to oznacza opóźnienie wykonywania zadań mimo potencjalnie negatywnych konsekwencji, co z kolei generuje poczucie wstydu, niepokoju czy lęku przed porażką z powodu niewykonania zadania.

Wbrew obiegowej opinii prokrastynacja nie jest lenistwem. Osoba doskonale zdaje sobie sprawę, że poniesie konsekwencje, jednak nie podejmuje działania na czas bądź robi wszystko na ostatnią chwilę. Ponieważ dotyczy wielu różnych sfer życia, to i konsekwencje mają różny charakter. Mogą to być trudne relacje z szefem, niezaliczony semestr i związane z tym dodatkowe opłaty, brak szansy na awans, kłótnie rodzinne, ale obok tego także znacznie poważniejsze, jak brak badań kontrolnych w momencie pojawienia się bólu, co może powodować rozwój choroby.

Drew Carson Appleby z Amerykańskiego Towarzystwa Psychologicznego twierdzi, że możemy wyróżnić kilka stylów prokrastynacji, a co za tym idzie – kilka typów osób, które tak postępują. Perfekcjonista odwleka wykonanie zadania z powodu lęku, że nie wykona zadania idealnie. Marzyciel ma trudności ze zwracaniem uwagi na szczegóły. Buntownik ma problem z podporządkowaniem się planom tworzonym przez innych. Typ zamartwiający się obawia się zmian i zakłada najgorsze scenariusze, a twórca kryzysu lubi działać pod presją czasu. Ten podział pokazuje, że nie ma jednej przyczyny prokrastynacji. Ma ona natomiast związek z lękiem przed porażką, który pojawia się przed nowym zadaniem z powodu poczucia braku kompetencji do ich wykonania lub też zbyt dużych oczekiwań wobec siebie. Pod wpływem unikania zadania pojawiają się natomiast trudne emocje, przez które zadanie jest odwlekane jeszcze bardziej. To efekt kuli śnieżnej, która rośnie w miarę upływu czasu.

Każdy z nas czasem zaczyna tworzyć swoje własne kule śnieżne. Bywa, że potrzeba potężnej skały, aby się rozbiły. Ale nie ma takiej kuli, która byłaby nie do rozbicia.

Od kryzysu do... impulsywności

DDA ma tendencje do poddawania się biegowi zdarzeń bez brania pod uwagę konsekwencji. Często działa pod wpływem impulsów. DDA jako dziecko nie było w stanie przewidzieć skutków swojego zachowania, więc podobnie postępuje w życiu dorosłym.

\# Bywało tak, że kiedy siedziałam cicho, mama wołała mnie i krzyczała, że ją lekceważę i wychodzę z pokoju. Nie mogła wstać, bo była pijana, ale krzyczeć mogła. Nie było to głośne, bo język jej się plątał, ale potrafiło przestraszyć. A za kilka dni, kiedy usiadłam koło niej, żeby się nie darła, to znalazła inny powód – bo zawracam jej głowę i ciągle nie daję jej spokoju. Do dziś ciągle zwracam uwagę, w jakim ktoś jest humorze, i staram się nie robić nic, kompletnie nic, żeby nie rzucać się w oczy.

DDA żyje od kryzysu do kryzysu. To wynik dzieciństwa, które było niczym balansowanie nad przepaścią. Chociaż trudno to zrozumieć, sytuacja, gdy wszystko jest w normie, potrafi być dla nich denerwująca bardziej niż stan niepokoju. W ich życiu wywoływanie kryzysu może być zatem sytuacją zamierzoną, bo kryzys to coś, co najlepiej znają.

\# Miałam kiedyś super chłopaka, był bardzo dobry i czuły. Zdradzałam go z osiedlowymi zbirami, bo dawali mi ten stan, kiedy trzeba się starać, walczyć, płakać i robić dzikie awantury. Chłopak mnie zostawił, a ja wylądowałam w końcu w związku z alkoholikiem.

DDA często nie zastanawia się, co będzie dalej – po prostu odwraca się na pięcie i rzuca wszystko, co robił. Podejmuje decyzje impulsywnie, nawet w sytuacjach, od których wiele zależy. Postępowanie pod wpływem impulsu powoduje wiele przykrych sytuacji, które potem są dogłębnie analizowane. Skłonność do impulsywnych wybuchów bywa mylona ze spontanicznością. Zdecydowanie jednak impulsywność ma zabarwienie negatywne. Osoba impulsywna jest mało wytrzymała na bodźce, wybucha nagle, a potem najczęściej żałuje.

Ale to niejedyny problem z impulsywnością. Niestety sprzyja ona uzależnieniom, atakom agresji i autoagresji, trichotillomanii, polegającej na przymusowym wyrywaniu włosów, brwi czy rzęs, czy kleptomanii. Impulsywność można korygować. Niektórzy radzą medytację, spokojną muzykę czy też warsztaty rozwojowe. Zaleca się badanie reakcji na różne wydarzenia. Jeśli ktoś wie, kiedy wybucha, zna siebie, zdaje sobie sprawę, co go denerwuje, może przygotować się na taką sytuację. Popularnym zabiegiem są tzw. zamiasty, czyli wypracowanie zachowania zamiast wybuchu. Ale do tego potrzebne jest nazwanie swoich emocji w danej chwili.

\# Kontrolować wybuchy zaczęłam, gdy w końcu przestałam mówić o sobie „jestem zła", a zaczęłam nazywać stany, w jakich się znajdowałam. Nie byłam zła, ale coś powodowało, że czułam złość. Nie byłam też smutna, tylko stało się coś, co spowodowało, że czułam smutek. To było bardzo oczyszczające. Już wiedziałam, co powoduje u mnie te uczucia, i mogłam się na to przygotować.

Badanie swoich reakcji emocjonalnych u DDA jest o tyle trudne, że wychowani w środowisku unieważniającym, nauczyli się ukrywać swoje emocje. Nagłe wybuchy mogą być na początku zaskakujące. W ich analizowaniu bardzo pomaga terapeuta bądź grupa terapeutyczna.

W pracy nad impulsywnością oraz innymi emocjami pomaga również oddzielenie się od danej emocji. Nikt nie jest przecież krzykiem, złością, gniewem, ale może je odczuwać, może nimi reagować. Nazwanie emocji jest niezwykle ważne, sprawia, że znajdują się one gdzieś obok człowieka, a nie w nim. Przecież zdenerwowanie nie może nami rządzić, a krzyk niczemu nie służy – może jedynie być pokazem siły, zresztą pozornej.

„Zawsze" jest tam, gdzie „nigdy"

Z impulsywnością łączy się zjawisko gratyfikacji. DDA poszukują gratyfikacji natychmiastowej. Chęć posiadania tu i teraz bywa bardzo silna. Są niecierpliwi nie tylko wobec siebie, ale i innych. Dziecko w domu alkoholowym najczęściej jeśli czegoś nie dostało od razu, to nie dostało tego już nigdy. W świecie, gdzie zawsze jest „nigdy", nie ma miejsca na cierpliwość. Nikt nie chce czekać, bo obawia się, że to, na co czeka, przyjdzie „nigdy". A czekanie to coś, co każdemu pomaga pięknie przeżyć życie. To ono sprawia, że ten, kto umie być cierpliwy, staje się lepszym człowiekiem. Wiążąc się z samokontrolą, pozwala na podejmowanie coraz lepszych decyzji. Pomaga w relacjach, sprawiając, że człowiek staje się milszy, a przede wszystkim bardziej wyrozumiały dla innych ludzi. Nauka cierpliwości nie jest łatwa. To chyba jedna z najtrudniejszych do odrobienia życiowych lekcji. Cierpliwość każde życie czyni lepszym, mniej podatnym na uzależnienia; pokazuje, jak radzić sobie z przeciwnościami losu, otwiera na potrzeby drugiego człowieka, pomaga również w pracy zespołowej. Cierpliwość to nie tylko umiejętność znoszenia przeciwności losu, ale również przestrzeń do relacji z drugim człowiekiem lub chociażby pokonywania złości lub gniewu. Gdy jej brak, można łatwo przegapić miłość, stracić zaufanie, przerwać nawet najpiękniejszą relację.

Cierpliwość jest potrzebna wszystkim. Współczesny świat mediów nie uczy jednak czekania. Serial można obejrzeć cały,

wszystkie odcinki jeden po drugim, grozi nam tylko nieprze-
spana noc. Jeśli pojawi się głód wiedzy, wystarczy kliknąć w te-
lefonie i pojawia się co najmniej kilka informacji na dany temat.
Pośpiech niczemu nie służy i choć to powszechnie wiadomo,
jest on wszechobecny. Cierpliwość jest niezbędna w budowaniu
relacji, bo nowa znajomość i wzajemne zaufanie potrzebują
czasu. Miłości i zaufania nie przyśpieszy żadna aplikacja w te-
lefonie ani nowy komunikator, a zakorzenione z dzieciństwa
mechanizmy nie przestaną działać od razu. Cierpliwość można
wyćwiczyć. To jeden z piękniejszych efektów terapii.

Byłam ogromnie niecierpliwa. Na spotkaniach ciągle wszyst-
kim przerywałam i mówiłam w kółko, szybciej, niż myślałam.
Dosłownie strzelałam słowami jak z karabinu. Kiedyś jedna
z nas jechała w góry. Zabrałam się z nią i kilkoma innymi
osobami. Postawili mi warunek, że nie będę nic mówić. I tak
było. Zachłysnęłam się górami, nagle pokochałam ciszę. I tak
zaczęłam się uczyć cierpliwości, bo na każdy szczyt prowadzi
droga, którą trzeba iść, na samą górę nie wchodzi się od razu.
Teraz chodzę w góry i... jestem inną osobą.

Śmiało można powiedzieć, że nauka cierpliwości jest nauką
życia w spokoju, który rodzi się ze świadomości, że na wymier-
ne efekty tego, co robimy lub chcemy osiągnąć, trzeba trochę
poczekać. Wystarczy tylko odkryć sens nie w posiadaniu, ale
w czekaniu. Bo czy nie jest tak, że całe nasze życie to właśnie
czekanie na coś?

Zaakceptuj mnie – zrobię dla ciebie wszystko

Klaps, mocne uderzenie, kopnięcie, codzienne odpychanie – trudno sobie wyobrazić, co czuje mały człowiek, który słyszy od tych, których kocha ponad życie: „spadaj", „odejdź, bo jak ci przyp...", „nie mogę na ciebie patrzeć", „wynoś się stąd" itd. Nieraz krwawi od uderzenia, jest poobijany, cierpi, a słyszy tylko, że to nic takiego, żeby nie przesadzał, że to dlatego, że się napatoczył. Bo dzieci w domach alkoholików są zupełnie niepotrzebne i jak nikt inny czują się nieakceptowane.

Brak akceptacji odczuwany w dzieciństwie powoduje, że w dorosłym życiu osoba może być chorobliwie zazdrosna, podejrzliwa czy zbyt wymagająca. Unika również bliskich relacji, bo trudno jej uwierzyć, że ktokolwiek ją zaakceptuje.

\# Nie potrafiłam przyjmować żadnych dobrych słów o sobie. Kiedy ktoś mi mówił coś miłego, od razu tłumaczyłam, że to wcale nie tak jest, że to przez przypadek. Ogromnie siebie umniejszałam. To dziwne, ale na grupie uczyliśmy się przyjmować komplementy w stylu „ładnie dziś wyglądasz" lub na przykład „masz piękną bluzkę". Wcale to nie jest ani łatwe, ani oczywiste.

Dziecko odczuwające brak akceptacji w domu, w dorosłym życiu staje się często osobą uległą. Pragnienie akceptacji za wszelką cenę powoduje spełnianie życzeń całego świata, i to nawet wbrew swojej woli. To wielkie pragnienie bycia akceptowanym powoduje również brak umiejętności przyjmowania krytyki ze strony nie tylko bliskich, ale i znajomych. Zdarza się, że osoby będące DDA stają się mocno przeczulone na swoim punkcie i każde słowo wyrażone na swój temat przez innych bardzo długo analizują.

\# Dopóki mnie chwalono, było całkiem ok, ale jeśli tylko ktoś ośmielił się powiedzieć, że ktoś gdzieś robi to samo trochę inaczej, słyszałam, że robi to lepiej i że jestem beznadziejna. To było okropne, bo ktoś mówił coś zupełnie innego, ale ja słyszałam to po swojemu.

W pogoni za akceptacją najważniejsze staje się słuchanie i spełnianie pragnień innych, choćby kosztem swoich. Niestety wcale nie gwarantuje to sympatii innych, a jedynie wykorzystywanie przez nich. Strach przed odrzuceniem powoduje blokadę własnego potencjału i indywidualności. Poszukiwanie akceptacji samo w sobie nie jest złe, ale obsesyjna potrzeba bycia akceptowanym może przysparzać wielu kłopotów, chociażby długów, kiedy to dzięki pieniądzom – jak się wydaje – można zdobyć sympatię. Te usilne próby przypodobania się mogą być też powodem frustracji, niepotrzebnego stresu, a nawet depresji. Zrozumienie tego, że każda indywidualność jest ważna, i że trzeba pielęgnować właśnie ją, a nie pragnienia innych ludzi, jest przestrzenią do pracy nad sobą.

By uzyskać akceptację, DDA potrafi zrobić niemal wszystko, a przynajmniej o wiele za dużo. Da sobą manipulować, pozwoli na porzucanie i będzie wybaczać po tysiąc razy, udawać, że kłamstwo jest prawdą i łudzić się, że partner kiedyś się zmieni, byle tylko był. Niepohamowana potrzeba bycia akceptowanym generuje cechy, z którymi trudno żyć, bo życie w przekonaniu, że jest się odrzuconym, może w końcu powodować nadmierną miłość własną, która ma zaprzeczać poczuciu własnej bezwartościowości. Od tego już blisko do osobowości narcystycznej.

Fałszywe „self" – żeby tylko nikt się nie dowiedział

Termin „narcyz" pochodzi bezpośrednio od greckiego mitu o Narcyzie, który był pięknym młodzieńcem zakochanym w sobie. Spędzał godziny nad taflą wody, aby móc się sobie przyglądać. Samouwielbienie, umiejętność manipulacji, brak lęków i wyrzutów sumienia to główne cechy każdego narcyza, a jednocześnie cechy najbardziej pożądane w korporacjach. W odróżnieniu od syndromu DDA narcyzm znajduje się w klasyfikacji DSM oraz obowiązującej w Polsce klasyfikacji ICD-10. Cechy dotyczące tego zaburzenia wymieniane w tej klasyfikacji to przede wszystkim wyolbrzymianie talentów, zaabsorbowanie fantazjami na temat własnych sukcesów, władzy, błyskotliwości, wiara, że jest się kimś szczególnym, domaganie się podziwu, wykorzystywanie innych do osiągnięcia swoich celów, umiejętność manipulacji innymi.

Istnieje wiele czynników, które mogą prowadzić do rozwoju cech narcystycznych, a jedną z przyczyn mogą być przeżyte traumy lub rany zadane przez rodziców. Narcyzami mogą być dorośli, którzy jako dzieci doświadczali nadmiernej adoracji lub ostrej krytyki. Przyczyną może być zarówno nadmierny podziw rodziców, zupełnie nieadekwatny do umiejętności, jak też skrajna obojętność i negowanie potrzeb dziecka. Szczególny wpływ na rozwinięcie zaburzeń osobowości narcystycznej ma chwiejność emocjonalna rodziców, ich chłód, zawstydzanie i upokarzanie dziecka. Narcyzm u DDA jest zasłoną dymną domowej rzeczywistości, ma sprawić, by nikt nie dowiedział się, jaki człowiek jest w środku. Klasyczny typ narcyzmu to narcyzm wielkościowy, cechujący się niewielkim poziomem empatii, skłonnością do wykorzystywania innych ludzi i nastawiania ich przeciwko sobie nawzajem. Narcyzm wrażliwy również zawiera charakterystyczne cechy tego zaburzenia, ale można dostrzec w nim pewną dozę krytycyzmu, podejrzliwość w stosunku do innych i tendencję do izolowania się. Ma wiele postaci i występuje z różnym natężeniem. Wbrew pozorom narcyz nie kocha siebie i jest ofiarą – podobnie jak ci, z którymi żyje lub, mówiąc dosłownie – jak ci, nad którymi ma władzę. Bo narcyz chce mieć władzę nad ludźmi. Niezwykle trudno jest żyć z taką osobą, ponieważ dość często tworzy związki, w których występuje przemoc.

Zrozumienie tych wszystkich zachowań daje pewien wgląd w dzieciństwo narcyza. Często to dom z alkoholem lub innymi używkami, gdzie dziecko w żaden sposób nie spełnia oczekiwań rodziców, jest niewystarczające, niewidoczne, nie doświadcza przytulania, akceptacji, a mechanizmem obronnym, który pomaga przetrwać w takim domu, mogą być marzenia o wielkości. Kiedy staje się dla siebie osobą najwspanialszą na świecie, potrzebuje w dorosłym życiu nieustannie to udowadniać. Partnerzy osób narcystycznych opisują ich jako osoby apodyktyczne, a nawet okrutne.

Osoba, którą wybiera narcyz, musi być idealna. Partner czy partnerka jest traktowany jako element planu życiowego. Jeśli tylko coś mu się przestanie w drugiej osobie podobać, z łatwością znajdzie kogoś, kto może ją zastąpić. Narzędziem kontroli może też być seks, bo raz jest nim zachwycony, by innym razem twierdzić, że to nie jest to, czego chciał. Bardzo często porównuje swoją partnerkę lub partnera do tzw. eks albo do tych, które się pojawią. Kłamstwa potrafi wymyślać na poczekaniu, nawet szybciej, niż pada pytanie. Podstawą związku jest dokuczanie, ironia, obrażanie i wygłaszanie dziwnych teorii. Notorycznie przerysowuje emocje, których zupełnie nie odczuwa; ignoruje własne błędy, akcentując błędy innych; potrafi wmówić partnerowi lub partnerce wady, których tak naprawdę nie mają; upokarza ludzi, którzy odnieśli sukces i są mili. Innych ludzi postrzega jako obiekty, które służą zaspokajaniu jego potrzeb. Związek z taką osobą jest niezwykle destrukcyjny i potrafi zostawić trwały ślad w psychice.

\# Biorę leki od psychiatry już długo, bez tego w ogóle nie wsta-
wałabym z łóżka. Najgorsze było wtedy, kiedy odeszłam.
Ciągle miałam wyrzuty, a on jeszcze wysyłał mi smsy i znęcał
się nade mną psychicznie.

Narcyz ma ogromne trudności w budowaniu prawdziwych
relacji. Nie ufa innym, bo spodziewa się, że mogą go wyko-
rzystać albo nawet w jakiś sposób upokorzyć. Jest otoczony
sporą grupą ludzi, ponieważ jest niezwykle towarzyski, wręcz
pożądany, gdyż z powodzeniem tworzy swój wizerunek mą-
drego, wesołego człowieka, który osiąga największe sukcesy.
Mimo to jego samoocena musi być nieustannie podsycana,
ponieważ nie odczuwa czegoś takiego jak satysfakcja z osiągnięć. Nie pozwala sobie również na odpoczynek i jednocześnie
nie kontroluje swojego zdrowia, bo musi osiągać coraz lepsze
wyniki.

\# Jest mi trudno odpoczywać. Nie potrafię, bo ciągle myślę, że
czegoś nie zrobię, że będę w tyle. Zrozumiałam, jak traktuję
ludzi, staram się pracować nad tym. Ale ciągle katuję siebie,
aby zrobić jeszcze więcej.

\# Najgorsze było uświadomienie sobie tego, że nie jestem idealna, że mogę czegoś nie umieć. To było bolesne doświadczenie. Nie poradziłam sobie z czymś w pracy. Miałam tysiące
usprawiedliwień, ale teraz wiem, że to ja zawaliłam, i nie ma
co udawać, że jest inaczej. Okropnie to przeżyłam. Wtedy

znowu zaczęłam słyszeć słowa mojego ojca, że nie powinnam nawet zdawać matury, bo jestem tuman. Tak do mnie mówił.

Moment podczas terapii, w którym okazuje się, że osoba narcystyczna nie jest idealna, jest bardzo trudny, ale oczyszczający. To, że posiada zarówno słabe, jak i mocne strony, bywa nie do przyjęcia. Zewnętrzna krytyka może być nieakceptowalna i terapia często nie kończy się powodzeniem. Jednak DDA nie jest warunkiem osobowości narcystycznej, podobnie jak narcyzm nie jest warunkowany tym syndromem. Może być, ale nie musi. Jednak zawsze warto próbować terapii, bo bez prób nigdy nie powstanie nic nowego.

Wyparcie – nieotwierana szuflada

Cierpienie fizyczne z powodu bicia i wszelkich nadużyć ze strony pijanego rodzica potęguje niemożność wyrażania siebie. Dziecko zwyczajnie przestaje być, bo żadna z jego potrzeb nie jest zaspokajana, i staje się niewidzialne. Powoduje to brak akceptacji dla siebie takiego, jakim się jest, i z tym uczuciem pustki DDA wkracza w dorosłe życie. Przez odcięcie się od rzeczywistości i porzucenie siebie próbuje przetrwać cierpienie spowodowane brakiem miłości i akceptacji. Zjawisko to nazywa się wyparciem i jest nieświadome, ponieważ dziecko samo nie postanawia odciąć swoich pragnień i emocji. Autorem tego pojęcia jest Zygmunt Freud. Wyparcie to mechanizm, który pozwala przetrwać, bo usuwa te przeżycia i myśli, które najbardziej bolą. Pozwala to zmniejszyć nasilenie trudnych emocji bez zmiany sytuacji, w jakiej się pojawiają. Warto jednak pamiętać, że ta redukcja napięcia może wejść w nawyk, czego skutkiem może być izolowanie się od innych oraz zniekształcone odbieranie zjawisk, bodźców.

\# Wyparłam zupełnie to, że mama źle robiła. Jako dziecko musiałam czuć, że jest coś nie tak, jednak potem gdzieś to wyszło. Nie potrafiłam opowiedzieć o niczym, co działo się w moim domu. Dopiero kiedy zaczęłam słuchać dziewczyn na grupie, powoli zaczęły wracać do mnie obrazy awantur, krzyków i facetów, którzy przychodzili do mamy. Tak naprawdę poczułam, że chyba cudem to wszystko przeżyłam. W grupie było mi łatwiej to wszystko przetrawić. Poczułam się tak, jakbym zwaliła z serca duży kamień.

Dla wielu może to być niezrozumiałe, ale czasem krzywdy są tak potężne, tak miażdżące, że jedyne, co można zrobić, to wyrzucić je z głowy, inaczej człowiek nie przetrwałby ani chwili dłużej. Jak inaczej żyłaby dziewczyna, która przez kilka lat była molestowana przez własnego ojca i kilku wujków, którzy akurat byli na imprezie? Albo żyła z matką, która co noc przyprowadzała innego wujka, a czasem wujek się pomylił i zajrzał do sypialni dziewczyny, i nikt nie stanął w jej obronie? Czasem fantazja musi zastąpić rzeczywistość.

\# Kiedy ojciec mnie bił, a było to kilka razy w tygodniu, to potem leżałam na łóżku i myślałam, że przecież on mnie kocha.

Wyparcie jest mechanizmem, który broni informacji dostępu do organizmu. Drugim mechanizmem obronnym w celu przetrwania traumatycznych wydarzeń jest zaprzeczanie, polegające na nieprzyjmowaniu faktów do wiadomości. Najbardziej jaskrawym przykładem jest alkoholik, który rzecz jasna zaprzecza, że ma jakikolwiek problem z piciem. Ale może to być też zaprzeczanie temu, że ojciec lub matka piją. Wyparcie bywa w psychologii nazywane represją. To, co każdy czuje na co dzień, często jest jedynie wierzchołkiem góry lodowej. Radości, smutki, jakieś poruszenia. Zdarza się też tak, że wskutek różnych zdarzeń, nieraz niezwykle niepozornych, można poczuć coś, co schowane zostało gdzieś bardzo głęboko i o czym, jak się wydaje, nikt nie pamięta. Ta niepamięć ratuje życie, bo nieraz przeżycia są tak ogromne, że trudno uwierzyć, że się w ogóle zdarzyły. Terapia – bez względu na to, czy indywidualna, czy grupowa – to zawsze otwieranie takich szuflad.

\# To, że mój ojciec dotykał mnie, kiedy byłam mała, odezwało się u mnie dopiero w wieku dorosłym, i to podczas terapii. Jakoś wyrzuciłam to z głowy, ale nagle jakaś szuflada gdzieś głęboko została otwarta. Całe szczęście nie byłam z tym sama.

Ludzki mózg nigdy nie wypiera całkowicie zdarzeń traumatycznych. Wracają w postaci snów, nagłych reakcji emocjonalnych lub dolegliwości somatycznych. To właśnie w ciele najczęściej odczuwamy to, co zostało wyparte. Nagłe poruszenie może wywołać jakiś zapach, fragment muzyki, czyjś głos, jakieś zachowanie. W pracy grupowej może to być historia opowiedziana przez jednego z uczestników, lub nawet ton głosu.

\# Kiedyś jedna z dziewczyn opowiadała, jak ojciec ją zbił pasem, a potem podduszał. Kiedy mówiła o podduszaniu, zaczęłam to odczuwać, ten ucisk na szyi. Kiedy na następnym spotkaniu wróciła do tej historii, znowu to poczułam. Dzięki analizowaniu tego zrozumiałam, że ojciec mnie nieraz podduszał. Brał za szyję, jakby chciał podnieść. Miał silne, duże dłonie. To bardzo bolało, a ja o tym zapomniałam. Kiedy zaczęłam to przerabiać na grupie, w końcu mogłam krzyczeć. I tak też zrobiłam, wykrzyczałam się na spotkaniu i to było jak nowe życie.

Wypieranie nie zawsze ma taki sam charakter. W dzieciństwie to najczęściej wypieranie pierwotne, polegające na niedopuszczaniu zjawisk do świadomości. Wyparcie wtórne, czyli inaczej następcze, polega na umieszczaniu w nieświadomości tych zdarzeń, które już były obecne w świadomości. Kiedy osoba w terapii zaczyna przypominać sobie pewne wydarzenia, odszukiwać je w swoim ciele, które przecież sygnalizuje ból emocjonalny, i po prostu widzieć pewne wydarzenia takimi, jakie były naprawdę, nie może być z tym sama. Nie ma potrzeby też mówić, że to nieprawda, albo że to przecież nie wpływa na późniejsze życie – bo to nie jest prawda. Prawdą jest natomiast to, że cokolwiek to było, już tego nie ma, że to przeszłość, która owszem – pozostawia ślady, ale praca nad nią pomaga je zmniejszyć.

Spotkanie ze sobą z przeszłości bywa trudne, nieraz niezwykle bolesne – to trochę jak zastrzyk, który boli, ale ma nam pomóc. Jak stara, dawno nieotwierana szuflada, w której możemy znaleźć coś dawno ukrytego. Osobiście porównuję to do dziecięcej układanki, złożonej z małych grzybków wsadzanych w dziurki, która od dołu wygląda jak ciąg dziwnych, niepowiązanych ze sobą kolorowych kropek, ale od góry tworzy piękny obraz. Czasem patrzymy nie z tej strony co trzeba, zatem nie ma się czego bać.

Jestem niewystarczająca – i co z tego?

Termin „samoocena", określany również jako poczucie własnej wartości, dotyczy odczuć wzbudzanych przez różne obszary funkcjonowania człowieka. Na to, jak człowiek ocenia samego siebie, mają wpływ zarówno inni ludzie (w szczególności ich oceny), wyobrażenia na temat tych ocen oraz postrzeganie samego siebie. Największy wpływ na samoocenę mają natomiast warunki, w jakich dana osoba się wychowywała. Wychowanie w domu alkoholowym nie jest w żadnym wypadku dobrym startem. Każdy aspekt globalnej samooceny zostaje zachwiany. Przy ocenie własnych kompetencji, czyli zdolności, inteligencji, szybkości uczenia się, w żaden sposób nie pomagają słowa rodziców: „do niczego się nie nadajesz", „nic nie potrafisz" czy wykrzykiwane: „jesteś wrzodem na d...e". To, co dziecko słyszy od pijanego lub współuzależnionego rodzica, nie jest niczym miłym, a przecież z tym wchodzi w dorosłość.

\# Codziennie słyszałam, że nie powinnam się urodzić i zniszczyłam jej życie. Czasem wydaje mi się, że słyszę to do dziś, chociaż jej nie ma już od 10 lat.

Na samoocenę składa się również coś, co jest nie do spełnienia w domu alkoholowym, czyli poczucie bycia kochanym. Nie ma możliwości podarowania miłości, jeśli się kocha tylko alkohol – i tak najważniejsze w ciągu dnia jest to, czy będzie się co napić. Słowa alkoholika, że kocha, możemy włożyć do zakładki „dziwne opowieści". Dziecko w takim domu w żaden sposób nie jest akceptowane, może jedynie być przeszkodą w realizacji planów albo – kiedy podrośnie – dostawcą piwa ze sklepu. Poczucie bycia kochanym przekłada się bezpośrednio na budowanie zdrowych relacji w życiu dorosłym.

Ważnym aspektem samooceny jest też tzw. popularność wśród znajomych, czyli posiadanie wielu przyjaciół, odwiedzanie się wzajemnie, bycie atrakcyjnym towarzysko. W domach, w których mieszka pijący alkoholik, nie odrabia się wspólnie lekcji, nie robi się klasowych spotkań, nie zaprasza się koleżanek ani kolegów, bo taki dom to wstyd. Nigdy nie wiadomo, co zrobią pijani tatuś lub mamusia.

Nie mogłam nigdy nikogo zaprosić, to zrozumiałe. Nikt nas nie odwiedzał, żadna ciotka, no chyba że wujek, z którym ojciec pił. Do dziś nie potrafię nikogo ugościć. Czuję stres z tym związany. Moja córka robi to natomiast doskonale.

Do tego należy dodać świadomość atrakcyjności fizycznej, która u dzieci alkoholików jest często na poziomie zerowym, oraz zdrowie, a z tym bywa różnie. Niska samoocena w tej dziedzinie przeszkadza w dorosłym życiu budować zdrowe związki partnerskie. Skutkuje to stosowaniem strategii samoutrudnienia, która pojawia się w sytuacji lęku przed zmianami. Jest to powszechne u DDA unikanie porażki, a zatem niepodejmowanie nowych wyzwań czy też unikanie postawy asertywnej w celu realizowania potrzeby akceptacji.

Osoby z DDA mają ogromny potencjał. Są wspaniałymi psychologami, psychoterapeutami, lekarzami, pielęgniarkami. Wrażliwość na krzywdę ludzką, a już szczególnie na cierpienie dzieci, jest u nich na najwyższym poziomie. Jedyne, co trzeba zrobić, to zdać sobie sprawę z mechanizmów, jakie wpłynęły na ich życie, co zawsze przy pracy nad sobą powoduje pozytywne zmiany i prowadzi do satysfakcjonującego życia.

Uczyłam się jak szalona, wiedziałam, że to jedyna droga do wyjścia z tego domu. Zdałam na medycynę jako 3. na liście,

ja – córka pijaka i współuzależnionej matki, bez dodatkowych lekcji. Byłam już wtedy na takim etapie, że było mi obojętne, czy ojciec to widzi. Może chciałam zrobić mu na złość? Nie wiem, ale wszystko udało się zrobić. Chociaż nie, nic się nie udało, ja to zrobiłam po prostu.

Niska samoocena najbardziej wpływa na budowanie relacji. Trudno być z kimś, kto ciągle jest niepewny siebie, nie umie przyjmować komplementów i nieustannie źle o sobie mówi. Poczucie niższości może psychicznie wykończyć nie tylko współmałżonka, ale również współpracowników. Nieustanne zagłębianie się w to, czego się nie umie albo czego się nie ma, powoduje, że inni unikają towarzystwa takiej osoby.

W pogoni za brakiem

Dziecko w domu alkoholowym nie zaznało nigdy prawdziwej miłości. Nikt nie mówił: „jesteś cudowna, wspaniała, tak bardzo przez wszystkich kochana". W tym domu dziecko, jak żołnierz na wojnie, walczy o jakiekolwiek uczucie, namiastkę uwagi, dobre słowo, coś, co pozwoli mu odczuć, że jest ważne, chociaż przez chwilę.

Brak miłości w pierwszych latach dzieciństwa powoduje stopniową obojętność wobec innych ludzi. Dziecko niekochane powiela jeden wzorzec, powodujący trudności w nawiązywaniu relacji. Nigdy nie było przytulane, nikt nie mówił mu, jak bardzo jest ważne, stąd jego zachowanie jest pełne konfliktów i wyczulenia na komentarze innych. Zachowanie DDA to nic innego jak proszenie o miłość, o jakąkolwiek uwagę. Bywa więc jako dziecko nieposłuszne, agresywne, zwracające na siebie uwagę krzykiem i płaczem. Emocjonalna pustka, jaką serwują rodzice, budzi nieustający strach. Nie ma w jego życiu miejsca na bezwarunkową miłość, akceptację, jest natomiast ciągły strach przed porzuceniem.

Trudno to sobie wyobrazić, ale dzieci dorastają, nawet bez miłości. Idą w świat z tym, czego nie dostały. Jako dorośli żyją z brakiem i często nie wiedzą, czego im ciągle brakuje, co to za ból, który im towarzyszy. Szukanie miłości za wszelką cenę nigdy nie kończy się dobrze.

\# Sypiałam z każdym, kto tego chciał, bo myślałam, że tak potrzeba, że to jest właśnie ta miłość, o której tyle wciąż słyszałam. Widziałam komunikaty, żeby być najlepszą wersją siebie, więc starałam się jeszcze mocniej. Byłam na każde zawołanie, kto tylko chciał. W końcu zaczęłam czuć się zużyta, zaczynałam czuć wstyd, coś było nie tak. Dlatego zaczęłam terapię.

Pragnienie miłości, nawet przerobione, kiedy znane są mechanizmy błędów, potrafi wrócić nawet po latach. Świadomość, że od tych, którzy krzywdzili, nie można się niczego dobrego spodziewać, działa jak zimny prysznic.

\# Kiedyś, po 10 latach może, odwiedziłam matkę w szpitalu. Jej pijaństwo i prostytucja doprowadziły ją do choroby psychicznej. Zostałam z nią sama i chciałam jej o tym wszystkim powiedzieć. Zapytała po 10 latach, czy mam dla niej piwo i cygary. Bo codziennie jako dziecko chodziłam jej po to. Dla niej i jej facetów. Nie miałam. Odwróciła się na pięcie i poszła. To było na tyle relacji.

Brak rodzi wyobrażenie, na którego końcu jest rozczarowanie. Pojawiają się problemy z komunikacją, które powodują zamrożenie, bo po co mówić, skoro i tak nikt nie słucha. Bezradność, chłód, cierpienie, strach – to wszystko nie jest dobrym podłożem dla właściwego komunikowania. Terapia pomaga w komunikowaniu potrzeb, w nazywaniu emocji, wyrzucaniu całego cierpienia po to, by je usłyszeć. Kiedy uczucia i potrzeby dochodzą do głosu, powstaje nowy, silny człowiek.

Zadanie domowe z odporności

Sprężystość psychiczna, czyli rezyliencja, to temat traktowany w Polsce „po macoszemu", a przecież jest niezwykle ważny. To przecież nic innego jak umiejętność wychodzenia z traum. I co ważne, każdy może się tego nauczyć. W terapii DDA jest to praca nad tym wszystkim, co zostało napisane wcześniej. Bo dom nie musi być przekleństwem, dom może być odrabianiem lekcji pt. „Co wniosę w dorosłe życie".

Osoby rezylientne cierpią, nie da się tego uniknąć, potrafią jednak nie zatrzymywać się uporczywie na tym doświadczeniu, wyciągnąć wnioski i iść dalej. I nie wolno mylić tego z obojętnością. Osoby z wysokim poziomem rezyliencji charakteryzują się konstruktywnym sposobem myślenia. Dzięki temu łatwiej znieść konsekwencje czynów i dążyć do celu wbrew przeciwnościom. A osoby rezylientne osiągają w życiu bardzo wiele. To tzw. twarde babki, których nic nie złamie. I nie dlatego, że udają takie, ale zwyczajnie takimi są. Jeśli ktoś ma taką naturę, to żadna trauma go nie zniszczy, wyciągnie z niej lekcje i pójdzie dalej. Nikt nie zabiera mu kamieni sprzed nóg – wiedzą, że są przeszkody, ale nie robią z tego tragedii.

Rezyliencja przekłada się również na związki partnerskie. Jeśli coś się nie układa, to trzeba to naprawić, poszukać rozwiązań, a jeśli te starania nie odnoszą skutku, to nie tkwić w relacji, która jest toksyczna.

Miałam kilku chłopaków, ale kiedy tylko widziałam, że coś jest nie tak, natychmiast zrywałam. Wiedziałam, że nie nadaję się na siłaczkę wyciągającą mężczyznę z nałogu. Ja nadaję się do kochania, bo wiem, że potrafię kochać i chcę tego samego. W zrozumieniu tego pomogła mi terapia, bo przecież sytuację nałogowego picia znałam, wiedziałam, jak to się kończy. Mój dom stał się dla mnie moją siłą, lekcją, którą odrobiłam w stopniu najwyższym. Zdałam egzamin.

W pracy nad rezyliencją rozwija się też poczucie satysfakcji z życia i znacznie wzrasta samoocena. Poradzenie sobie z trudną sytuacją w życiu, z jakimś stresem mniejszym lub większym, z czymś, co kiedyś mogło przerażać, daje ogromne poczucie siły i mocy. Znacznie wzrasta świadomość sprawstwa, niezwykle potrzebna w codziennym budowaniu poczucia wartości, ponieważ buduje to przekonanie o panowaniu nad wydarzeniami, a co za tym idzie – nad swoim życiem.

\# Kiedy mąż w końcu wybrał inne życie, z dala od nas, a ja już dłużej nie chciałam udawać, że czekam i nieustannie czekam jak wierna Penelopa, poczułam ulgę. Poszłam na studia, zaczęłam pracować w miejscu, w którym zawsze pracować chciałam i gdzie jestem potrzebna. Zrozumiałam, że panuję nad życiem, że nie będę siedzieć i płakać, ale wstanę, otrzepię się, wyciągnę wnioski z tego, co się stało, pomyślę, co muszę zrobić jako pierwsze – i tak zrobiłam. Są chwile, gdy jestem mu wdzięczna, że w końcu przestał udawać, że mnie kocha. Dzięki temu mogłam wstać i zacząć żyć jako ja, a nie jako żona.

Rezyliencja, nad którą warto, a nawet trzeba pracować – nie tylko podczas terapii DDA, ale i w każdym życiu, bez względu na dom, w jakim się dorastało – pozwala zobaczyć siebie w konkretnym działaniu. Carol Dweck, autorka *Nowej psychologii sukcesu*, dzieli osoby na dwie grupy. Pierwsza to osoby nastawione na rozwój, czyli nieustannie uczące się na swoich błędach, wyciągające wnioski z tego, co je spotyka; osiągają sukcesy, cały czas się rozwijają. Grupa druga to osoby nastawione na trwałość, które szybko się poddają, boją się pracy nad sobą, nie pragną zmiany. W terapii DDA praca nad sprężystością, elastycznością i odpornością psychiczną jest bardzo potrzebna. Nie jest natomiast tak, że jak ktoś nabędzie odporność psychiczną, to będzie ją miał raz na zawsze. Trzeba ciągle nad nią pracować. Przebiegnięcie jednego maratonu nie gwarantuje, że bez treningów z drugim pójdzie łatwiej. Tym, nad czym trzeba pracować, jest przede wszystkim akceptacja wszystkiego, co nas spotyka. To pozwala zrobić krok dalej. Odporność psychiczną rozwijamy również przez pracę nad tym, aby skupiać się na teraźniejszości i nie zrzucać na innych winy za to, co nas spotyka. Nieustanne rozpamiętywanie pełnej dramatów przeszłości budzi lęk o przyszłość i może paraliżować. Zrzucanie winy na innych, czyli na przykład na ojca, który pił, czy na milczenie sąsiadów, w żaden sposób nie pomaga, a rodzi jedynie usprawiedliwienie. Czasem można usłyszeć, że ktoś bije dziecko, bo sam był bity. Tak, to może być prawda, ale przecież każdy dorosły może swój dom i swoje relacje przepracować. Robiąc swoim dzieciom to, co jemu robili, dalej tkwi w przeszłości, w tym domu, z którego chce uciec. Kurczowe trzymanie się przeszłości i obwinianie innych, a nawet siebie, blokuje wszelki rozwój. Podobnie jak brak refleksji nad negatywnymi myślami pojawiającymi się w głowie. Skupianie się na nich może nawet spowodować depresję, natomiast praca nad tym, dlaczego myśli takie się pojawiają i co sygnalizują, to milowy krok naprzód w terapii.

Unikanie toksycznego towarzystwa to również jeden z elementów nauki rezyliencji. Czasem prowadzi do umiłowania samotności, co dla wielu osób z otoczenia może być trudne, jednak samotność nie szkodzi, tak jak chociaż jedna toksyczna osoba w pobliżu.

Ćwiczeniem rezyliencji jest także wdzięczność za to, gdzie się jest, co się ma, nad czym się pracuje. Nawet świadomość swoich niedoskonałości może być powodem do wdzięczności, bo przecież oznacza rozwój, wyznaczając jego kierunek. Wdzięczność pozwala dostrzec, co w życiu jest najważniejsze, co trzeba poprawić oraz jak wiele dobrego wydarzyło się w życiu. Wdzięczność otwiera na innych, pokazuje miejsce, w którym człowiek się obecnie znajduje, pozwala na pomaganie i dzielenie się z innymi swoim doświadczeniem. Otwiera drogę do wrażliwości na innych, która jest piękną cechą ludzi z trudnych domów. Jak nikt potrafią zrozumieć przewrotność życia i wyczuć rozpacz każdej niewidocznej łzy.

Najtrudniejsza do opanowania umiejętność pojawia się po zdobyciu wszystkich tu wspomnianych. To zdolność wybaczania. Nie zawsze jest to możliwe. Przebaczenie nie jest zapomnieniem tego, co było. Nie chodzi tu o przepraszanie, ale to proces uwalniania myśli i uczuć, które towarzyszyły człowiekowi w przeszłości. Trzeba pozwolić sobie poczuć gniew, złość, smutek, cierpienie – i przestać je tłumić. To wszystko było, działo się i nic tego nie zmieni. Praktykowanie przebaczania to otwieranie oczu na to, co się stało, zaakceptowanie przeszłości i emocji. A to budzi i daje możliwość wyjścia silniejszym z przeszłości

JEDEN PIJE – RESZTA CHORUJE

Alkoholizm określa zachowania członków rodziny, ich przeżycia, nastawienie oraz wszystkie procesy w niej zachodzące.
Pijany tato czy mama, albo obydwoje naraz, nieustannie do-
starczają innym członkom rodziny problemów finansowych,
emocjonalnych i uczuciowych, bo kiedy przynajmniej jedna
osoba z rodziny zmaga się z uzależnieniem, żyje nim cała rodzina. Spożywanie alkoholu przez jednego z rodziców zaczyna
powoli stanowić główną oś wszelkich problemów rodziny. Relacje w rodzinie przestają być prawidłowe, następuje powolny
zanik organizacji i zmienia się postrzeganie rzeczywistości.
Codziennością stają się kłamstwa.

Wspólnik

Kiedy w rodzinie pojawia się problem alkoholowy, inni
członkowie rodziny mogą szybko się mu przeciwstawić albo
go zaakceptować i wyrobić w sobie związany z nim schemat

postępowania. Sprzeciw współmałżonków często następuje zbyt późno, a alkoholik częściej zdobywa sobie wspólników do picia w domu. Żona, która gotuje pijanemu mężowi codziennie świeże obiady, rosołki na kaca, pierze i prasuje koszule, aby pięknie wyglądał nawet po czterech dniach picia, i kupuje piwo do lodówki, żeby miał i nie robił awantur, często staje się takim wspólnikiem. Rolę tę pełnią żona albo mąż, którzy kierują się lojalnością i dziwnie pojętą miłością. Uważają, że ich postępowanie daje równowagę rodzinie.

\# Mama od zawsze ukrywała, że ojciec pije. Zawsze był zmęczony, spał, był zapracowany i pracował na nas wszystkich, żebyśmy mieli wszystko, co najlepsze. Nigdy nie mieliśmy tego, co było nam potrzebne, a dodatkowo potem jako dzieci zrozumieliśmy, że mama zwyczajnie kłamie, żeby ochronić dobre imię ojca.

Rola współmałżonka jako wspólnika, polegająca na ochronie rodziny, jest korzystna tylko przez chwilę. Czuje się on odpowiedzialny za pijącego, a to powoduje przeciążenie ilością obowiązków. Nieustannie musi łagodzić konflikty w rodzinie, tłumaczyć alkoholika, co sprawia, że sam staje się niestabilny emocjonalnie i zaczyna obwiniać się za każdą trudną sytuację. Uzależniony współmałżonek staje się najważniejszy, przez to współuzależniony swoje potrzeby odkłada na później, a potem zupełnie z nich rezygnuje. Bywa, że w końcu sam zaczyna pić.

Wśród współmałżonków alkoholików, szczególnie żon, są również takie, które zwyczajnie odchodzą. Nie wspierają męża w piciu, zabierają dzieci i decydują się na rozwód. Wybierają spokojne życie dla siebie i swoich dzieci zamiast uporczywego ratowania alkoholika kosztem całej rodziny. Wtedy często zdarza się, że alkoholik podejmuje leczenie.

Mama zabrała nas do swojej matki. Zostawiła wszystko, spakowała nas i pojechaliśmy. Ojciec po kilku latach przestał pić, nawrócił się. Nie wrócili do siebie, pewnie za dużo było ran, ale ja mogę ojca odwiedzać. Chce naprawić krzywdy, jakie nam wyrządził, i czasem przesadza, ale to teraz miły facet.

Dziecko, które musi przetrwać

Dzieci w rodzinie alkoholowej mają zdecydowanie zaburzone poczucie bezpieczeństwa, a żyjąc w nieustannym stresie, wykształciły w sobie mechanizmy obronne. Taka postawa daje możliwość zamknięcia, zastygnięcia, unikania zmian, trwania w ciągłej gotowości. Związana jest z dwoma rodzajami urazów, jakie dziecko przeżywa w takim domu, i daje możliwość ich przetrwania.

Uraz ostry, który – co jest ważne – nie zdarza się wyłącznie w rodzinach z problemem alkoholowym, jest jednorazowym lub powtarzającym się aktem przemocy, upokorzenia czy nadużycia seksualnego. Jeśli przeżycia te są tak mocne, że dziecko przerasta próba ich asymilacji, to zostają one odcięte i wyparte. Tak jakby ktoś oglądał film ze swojego życia, ale nie brał w nim udziału. Dotyczy to szczególnie nadużyć natury seksualnej. Dorosłe ofiary przemocy w dzieciństwie potrafią mówić, że zupełnie nic nie pamiętają z tego, co się działo w domu.

Kiedy nic ostrego i nagłego się nie dzieje, ale dziecko odczuwa ciągły chaos, brak poczucia bezpieczeństwa i oparcia, skutkuje to urazem rozmytym. To sytuacja, kiedy niczego nie można być pewnym, nigdy nie wiadomo, co będzie za chwilę, w jakim humorze wróci tato lub mama, a cokolwiek się zrobi, i tak będzie to złe. Kilka godzin temu tato robił awanturę, a za chwilę pije z mamą herbatę przed telewizorem.

Takie sytuacje sprawiają, że jedyne, co może zrobić dziecko, to dostosować się do tej nienormalności. Wobec takiego życia bez zasad i wartości dziecko uczy się przede wszystkim nie ufać. Tysiące niespełnionych obietnic, słów bez pokrycia, niespójność działań dorosłych i ich zagubienie buduje brak ufności. W ten sposób łatwiej przetrwać.

W dostosowaniu się do tych wszystkich trudnych sytuacji pomaga również nieczucie. Sytuacja w domu czasem budzi nienawiść wobec rodziców, a to uczucie potrafi przerazić. Bezpieczniej jest wtedy przestać czuć. Grozi to zafałszowaniem prawdy o tym, co porusza serce, i zablokowaniem emocji. To jak odchodzenie od samego siebie.

Dom zły – fałszywe osobowości

Życie w rodzinie alkoholowej przebiega według określonych reguł, do których każdy członek rodziny w jakiś sposób musi się dostosować. Taką formę dostosowania stanowią określone role przyjmowane przez członków rodziny. Za tymi rolami ukrywają się potrzeby i pragnienia, emocje i uczucia oraz postrzeganie świata. Oprócz rodzica, który może być wspólnikiem dla pijącego, odpowiednie role przyjmują również dzieci. Jednocześnie to one są najbardziej poszkodowane, a negatywne skutki życia w takiej rodzinie odczuwają w dorosłym życiu. Bez możliwości wyjścia z tego chorego systemu dostosowują się do tego, co się w nim dzieje. Są to tzw. osobowości fałszywe, które w dzieciństwie pomagają przetrwać, a w dorosłym życiu stają się przeszkodą. Przyjmowanie określonych ról pozbawia dziecko swojego „ja". Odgrywając jakąś rolę, traci ono swoją tożsamość, pomaga mu to jednak przetrwać wiele sytuacji traumatycznych.

Bohater nie prosi o pomoc

Najbardziej widoczny jest bohater rodziny. Rolę tę przyjmuje najczęściej dziecko najstarsze. Jest opiekunem całej rodziny, jej wizytówką, gwarancją na zewnątrz, że w tej rodzinie nic złego się nie dzieje, bo przecież „to takie mądre dziecko, takie dobre, tak uczynne, no i jak wspaniale dba o rodzeństwo". To on, poprzez swoje zachowanie i sukcesy, ma codziennie udowadniać, że jego dom jest ciepły i kochający.

Na bohaterze rodziny może polegać cały świat, codziennie komuś pomaga, bierze na barki wszystkie problemy. Jest do końca odpowiedzialny za cały dom, dostrzega potrzeby wszystkich, zapominając o swoich. Już nawet nie pamięta, czego pragnie, zresztą to nie ma znaczenia. Jest najbardziej dorosły z całego domu i stanowi filar dla rodzica niepijącego, a uwikłanego w nałóg. Dzięki bohaterowi matka, która nie pije, może w pełni skupić się na potrzebach alkoholika, bo przecież bohater zajmie się pozostałymi dziećmi, zakupami, obiadem, klejem na plastykę, butami na zmianę i problemami z nauczycielką, która się ciągle czepia. Ona może spokojnie wpatrywać się w oblicze alkoholika i czekać, aż kiedyś przestanie pić, jak codziennie obiecuje.

\# Moja mama była skupiona na ojcu. Ciągle liczyła, że przecież on w końcu przestanie pić. I przestał – jak umarł. Ja miałam na głowie zakupy, szkołę, przedszkole, kombinowanie, żeby była kasa. W I klasie liceum roznosiłam ulotki, żeby móc kupić coś dzieciakom. Całe szczęście, nauka przychodziła mi łatwo, więc mogłam pracować. W weekendy myłam ludziom okna i jak był sezon, to naprawdę mogłam zarobić. Za pracę na wakacjach kupiłam maluchom wyprawki do szkoły. Byłam dumna.

Bohater dba o cały dom, ale zupełnie nie potrafi zadbać o siebie. Nie potrafi się bawić, relaksować, nie ma czasu na przyjaciół, nie jest w żaden sposób spontaniczny, nie umawia się na żadne spotkania, bo musi zajmować się młodszym rodzeństwem i rodzicami. Musi podejmować szereg działań, aby rodzina jakoś funkcjonowała. Jego wypowiedzi są często niezwykle dorosłe, a w każdej aktywności przyjmuje rolę opiekuna. Wygląda na to, że cały świat zapomniał, że dzielny bohater sam jeszcze jest dzieckiem.

W funkcjonowaniu społecznym bohater jest bardzo lubiany przez rówieśników. Inicjuje zabawy, jest niezwykle pomocny, ale w głębi duszy ogarnia go samotność. Również w doborze przyjaciół jest perfekcjonistą. Nieumiejętność odpoczywania bywa męcząca dla otoczenia. Ciężko przyjaźnić się z kimś, kto jest ciągle w gotowości. Oprócz tego bohater czuje się często gorszy od innych i odczuwa lęk przed utratą sympatii.

Nigdy tego głośno nie powie, ale jest mu okropnie wstyd za dom. To on najbardziej odczuwa pijaństwo ojca lub matki, to on żyje w ciągłym strachu, że ktoś się dowie.

\# Kiedyś szliśmy ze szkoły w kilka osób, to chyba było w drugiej klasie liceum. Wracaliśmy przez centrum, była wiosna. Nie wiem, jak to się stało, ale nagle ktoś krzyknął, że na ławce śpi jakiś pijak. Zmroziło mnie na sam dźwięk tych słów, a potem okazało się, że to mój stary. Gdzieś widocznie zapił i już nie dotarł do domu. Powiedziałam, że się spieszę, i poszłam do domu. Po drodze obmyślałam, jak mogłabym go zabić, i dwa razy zwymiotowałam do kosza na śmieci. Stary wrócił po dwóch dniach. Wtedy już miewał takie długie ciągi.

Nienawidziłam go jak nikogo na świecie, ale nie mogłam nic z tym zrobić. Matce nawet nie mówiłam, bo poleciałaby i zgarniałaby go z tej ławki.

Bohater stara się zachowywać tak, aby nikt nie wiedział, że jest jakiś problem. Szczególnie jeśli chodzi o szkołę i inne instytucje, gdzie jest młodsze rodzeństwo. Nie nosi żadnej peleryny, ale na plecach dźwiga cały świat. W klasie rozwiązuje problemy wszystkich, pomaga, a często zwyczajnie robi za kogoś zadania. Bardzo dobrze się uczy, zna odpowiedzi na wszystkie pytania świata, potrafi niemal wszystko załatwić i jest uwielbiany przez nauczycieli.

\# Byłam tak lubiana, że zostałam przewodniczącą szkoły. Kiedy nauczyciele chcieli coś zorganizować, zawsze od razu wołali mnie. Byłam niezawodna. Wszyscy w szkole mnie znali i to z tej dobrej strony. Miałam fory nawet u najbardziej wymagających nauczycieli. Uczyłam się, owszem, ale też czułam wsparcie ze strony wszystkich. Mimo to nie mogłam się nikomu przyznać, jak wygląda mój dom. Miałam wizerunek nieskazitelnej i musiałam w tym trwać.

Bohater w rodzinie jest „gwiazdą" i wszyscy są zachwyceni, jak wspaniale daje sobie radę. Niejeden dorosły obserwator rodziny mówi: „gdyby nie ta najstarsza córka, to wszyscy umarliby z głodu" – tylko szkoda, że jakoś sam nie chce pomóc. Takie dziecko jest naprawdę wzorem do naśladowania. Pomaga zawsze i to zupełnie nieproszony, jakby czytał w myślach. Jest również najbardziej poprawny i robi to, co wypada, co należy i co potrzeba w danej chwili zrobić. Na drugie imię może mieć „poprawny", bo nigdy nie robi błędu. Bohater to zdecydowanie człowiek sukcesu. Zawsze musi być ponad, musi być najlepszy, jak studiuje, to ma stypendium, jeśli startuje w zawodach sportowych, to zdobywa złote medale, jak biega, to ultramaratony, wyjście w góry, to tylko najtrudniejszym szlakiem. Ale to wszystko jest wynikiem ciężkiej pracy, ponad jego siły. Niestety, nie prosi o pomoc.

W domu bohater za swoją ciężką pracę zawsze jest nagradzany. Wszyscy pytają go o wszystko, skupia ich uwagę i naprawdę jest kimś ważnym. Jak znaleźć coś, jak ugotować, co kupić, jak zrobić zadanie z matmy, a nawet jak wywabić plamę. Zna się na wszystkim, więc jest potrzebny. To go buduje i daje mu pewność siebie.

Wizerunek bohatera zdecydowanie męczy. Trudno jest znieść kłamstwo u innych. Kiedy ktoś mówi jedno, a robi drugie albo twierdzi, że jest opiekuńczy, a w domu pokazuje zupełnie inną twarz, to takie kłamstwo jest niemal nie do zniesienia. A co, jeśli żyjemy w kłamstwie, a wewnętrzne dziecko aż krzyczy, że jest coś nie tak? Zagłuszamy je i staramy się jeszcze bardziej.

W dorosłym życiu to stuprocentowy pracoholik. Rzecz jasna robi to wszystko jak zwykle dla innych, szczególnie dla swojej rodziny. Jest sztywny i bardzo surowo sam siebie osądza. Na zewnątrz ma sukcesy, uwagę co najmniej połowy świata, ale ciągle nie ma kontaktu ze sobą. Jedno jest pewne. Bohater, nawet najlepszy, powinien zaakceptować to, z czym się mierzy, zwolnić, sięgnąć do siebie w całą głębię przeżyć i powoli pracować nad poprawą swojego życia. Stać się w końcu ważnym dla siebie. W tym celu dobrze jest uświadamiać mu potrzebę zabawy, odpoczynku, tego, że nie wszystko musi być wykonane perfekcyjnie, a czas poświęcony sobie może być najlepszą inwestycją. Jeśli jest jeszcze dzieckiem, to warto mu to uświadomić. Unikając zdań w stylu „rodzice będą z ciebie dumni", wyrzucamy go z roli, w jaką wszedł. W terapii dziecka, jak i dorosłego dobrze jest pokazanie, że porażka spotyka każdego, a jej akceptowanie jest tak samo potrzebne jak radość z sukcesu. Dorosły bohater podczas terapii odkrywa, że kiedyś miał jakieś zainteresowania i talenty i zaczyna do nich wracać. Uczy się czerpać z życia radość, a nie tylko spełniać obowiązki. Zaczyna zwyczajnie dostrzegać siebie. Świat potrzebuje bohaterów dbających o własne potrzeby.

Kozioł ofiarny – dziecko kłopot

To najczęściej drugie dziecko w rodzinie. Skupia na sobie uwagę pijanego rodzica. Często odnosi porażki wynikające z bezradności. Bywa bardzo agresywny i ma problemy z zachowaniem. Bohater zwracał uwagę swoimi sukcesami, kozioł ofiarny natomiast woła o pomoc swoim niestosownym zachowaniem, za co niestety bywa często jedynie karany. Mało kto uważa, że agresja w szkole może być wołaniem o pomoc.

Wszyscy mówili, że jestem zły, niegrzeczny i taki starałem się być. Takim mnie postrzegano, więc dlaczego miałem być inny? Przynajmniej w taki sposób ktokolwiek zwrócił na mnie uwagę. Nie było we mnie zgody na to, co jest w domu. Ojciec bił mnie najwięcej, codziennie dostawałem po głowie, wiecznie miałem jakieś siniaki. Nikt nigdy nie zwrócił na to uwagi. Szybko dowiedziałem się, że nawet do bicia można się przyzwyczaić, chociaż ono ciągle bolało.

Źródło tej postawy możemy odnaleźć w Biblii, w postaci Azazela – kozła, na którego kapłan w Dzień Sądu składał wszystkie przewinienia, aby wypędzony na pustynię, zginął tam razem z nimi. W taki sam sposób kozioł ofiarny w rodzinie skupia na sobie wszystkie winy i frustracje jej członków. To dziecko wyrzutek, przynoszący wieczne kłopoty. Jest w nim ogromny bunt i sprzeciw wobec całej sytuacji w domu. Ten bunt często prowadzi do destrukcji. Świat dookoła widzi go jako człowieka, który rozrabia, przejawia agresję, pali, pije, jest od czegoś uzależniony, ale nikt nie dostrzega jego cierpienia. W domu nie ma kontaktu z pijącym rodzicem, ale przyjmuje jego rolę na zewnątrz. To ten, o którym się mówi: „jest taki sam jak ojciec" – i sprawę uważa się za zamkniętą. W nim kumulują się wszystkie frustracje, żale i złości tego chorego systemu rodzinnego.

Kozła ofiarnego nikt nie lubi, każdy go krytykuje. Nie słyszy o sobie nic innego oprócz tego, że jest zły, okropny, niegrzeczny, że przynosi wstyd itd. Bo pijący ojciec, o którym nie wolno mówić, że jest pijakiem, to nie to samo, co bity przez niego chłopiec. O chłopcu można mówić wszystko, i to najlepiej źle. Rodzina alkoholika jest bezlitosna. Chroni nie tego, kogo trzeba. Kozioł ofiarny żyje złością na świat, co sprawia, że przejawia agresję wobec innych; zazdrości bohaterowi, że jest zauważany, cierpi z powodu braku miłości i do szpiku kości nienawidzi pijącego rodzica. Chce być zauważany, chce być kimś, a potrafi to zrobić jedynie przez agresję, bo gniew w nim jest tak duży, że nie potrafi realizować swojego życia w żaden inny sposób.

\# Zazdrościłam mojej siostrze. Kochał ją cały świat, mnie nie kochał nikt. Ją niemal nosili na rękach, ja dostawałam po głowie. Ojciec nigdy jej nie zbił. Pewnie nawet nie wie, że ojciec był pijakiem. Kiedy dostawałam lanie, to przychodziła do mnie i mówiła, że on kiedyś chyba mnie zabije, i tyle. Ona była wzorowa, a ja przynosiłam wstyd. Całowałam się z chłopakami, biłam się na podwórku i to ja zaczęłam umawiać się ze starszymi facetami. Wystarczyło, że ktoś popatrzył na mnie życzliwie, byłam jego. Pozwalałam się obmacywać, robiłam dużo za dużo niefajnych rzeczy. Kradłam w sklepach ciuchy i przynajmniej tak byłam dla siebie ważna. Miałam fajne ubrania. Bardzo, naprawdę bardzo chciałam istnieć.

Kozły ofiarne żyją w przekonaniu, że są nic niewarte i że żadna zmiana w ich życiu nie jest możliwa. Spełniając swoją misję „dziecka niegrzecznego", cierpią na samotność i odrzucenie. Chory system rodzinny potrzebuje „złego dziecka" i, co ważne, sam je tworzy. Kozioł ofiarny nie rodzi się taki, on się takim staje. Jest karany za to, co robią rodzice, zarówno ten pijący, jak i współuzależniony. Odzwierciedla ich wady, z którymi sami nie potrafią się utożsamić. W klasie pomaga innym poczuć się lepiej, a jednocześnie jest odrzucany.

\# W szkole rzecz jasna byłam najgorsza i bali się moich zachowań nawet niektórzy nauczyciele. Miałam też szacunek wśród wielu uczniów. W końcu w liceum spotkałam osobę, która chciała mi pomóc i zobaczyła, że jest we mnie skrzywdzone, niekochane dziecko.

Mało tego, kozioł ofiarny w podobny sposób funkcjonuje w grupie terapeutycznej i służy do wyrażania uczuć, których grupa czasem nie jest w stanie wyrazić. W rodzinie stanowi przemieszczenie złości związanej z figurą ojca, w grupie stanowi projekcję problemów z liderem grupy i jakby cień tego, co odczuwają jej członkowie.

Wbrew pozorom, w życiu kozła ofiarnego wcale nie zawsze musi być źle. Zdarza się, że spotyka na swojej drodze osobę, która ponad jego trudnym zachowaniem zobaczy w nim brak miłości, odrzucenie i rodzinę, która przelała na niego całą złość za swoje dysfunkcje.

Kozioł ofiarny jak nikt inny reaguje na miłość, na dobro, tylko zwyczajnie trzeba mu pokazać, że to istnieje. Dobrze jest uświadamiać takiemu dziecku, że w nie wierzymy, że widzimy w nim potencjał. Jak najmniej karać, ale przekazywać informację zwrotną. Każda kara w końcu przecież przestaje działać.

Jedną z metod ukazywania potencjału był program, w którym chłopcy z poprawczaka chodzili do domu opieki społecznej i pomagali jego pensjonariuszom. Nagle zaczęli czuć się potrzebni, ktoś ich wysłuchał, ktoś podziękował za to, co robią. Nikt ich nie oceniał, a jedynie mówił o ich zachowaniu. Duże efekty daje docenianie nawet małych postępów.

Dziecko we mgle – całe w marzeniach

W rolę tę wchodzi najczęściej trzecie i kolejne młodsze dziecko. Starsze dzieci przyjęły już swoje role, więc kolejne usuwa się w cień, a jego działania są nastawione na izolację od innych. Pomaga mu w tym stworzenie sobie własnego świata iluzji i fantazji. Postrzegane jest jako dziwne, inne od wszystkich.

\# Kiedy w domu były awantury, zamykałam się w pokoju i słuchałam muzyki, takiej, jaką lubiłam. Odgradzałam się tą muzyką od innych. Od tych wszystkich awantur i tego domu. Dopiero później zrozumiałam, że odgradzam się też od siebie.

Izolacja od świata daje ukojenie, przynosi ulgę, ale przenosi się też na inne rzeczywistości, co sprawia, że dzieci takie mają problemy w nawiązywaniu relacji z rówieśnikami. To z kolei powoduje szkody moralne, które wpływają na późniejsze życie. Jako osoby dorosłe nie potrafią stawiać granic, zdecydować się na polepszenie swoich warunków życia. W związku z tym trwanie w toksycznym związku nie wydaje się im złe, bo przecież taki związek znają od dziecka.

Dziecko we mgle, czyli dziecko niewidoczne, w wieku dorosłym często cierpi na duże zaburzenia psychosomatyczne, mogą to być na przykład spowodowane stresem zawroty głowy, drżenie rąk lub kołatanie serca o podłożu emocjonalnym. Przykre objawy, których przyczynę trudno jest wyjaśnić, mogą mocno utrudniać życie.

\# Od jakiegoś 18 roku życia miałam potężne migreny. Byłam już dorosła i zaczęłam się leczyć. Brałam mocne leki, a w razie ostrego bólu miałam zapisane zastrzyki przeciwbólowe. W końcu całkiem niedawno przeczytałam, że moje migreny mogą być wynikiem przeżytych w dzieciństwie traum. Zaczęłam pracę nad sobą. Nie wiem, czy bóle całkiem przejdą, ale mam chyba mniej stresu, a to już coś.

W dorosłym życiu dziecko we mgle ma problem również z nieustającym porównywaniem się do innych. To zawsze wynika z niskiego poczucia wartości. W głowie często słyszy: „jesteś gorszy od innych", „nigdy nie będziesz taka jak ona" – a praca nad poprawą myślenia jest trudna. Przełomem staje się często mówienie o sobie podczas terapii. To w końcu przychodzi samo, chociaż podczas spotkań nikt nikogo do mówienia nie zmusza. Dziecko niewidoczne nie wierzy również w swoje możliwości. W szkole jest zupełnie wycofane, rezygnuje z wykonywania wielu zadań. Na co dzień doświadcza samotności, smutku i bezradności. Świat, który lubi, istnieje tylko w jego marzeniach. Postawa izolowania wyniesiona z dzieciństwa często występuje później w wieku dorosłym.

Jeśli mamy do czynienia z takim dzieckiem, warto pytać o to, jak się czuje, co robi, czym się zajmuje i nie wierzyć, że nie chce o tym gadać. Dobrze jest pomóc mu w wyrażaniu siebie, na przykład poprzez ruch czy sztukę. Okazywanie zainteresowania działa niezwykle terapeutycznie. Dorosłe dziecko we mgle jest nieufne i ma problem z budowaniem związków. Jako dziecko, a potem jako dorosły czasem ucieka w chorobę. Terapia pomaga budzić zaufanie do ludzi i otwierać się na swoje potrzeby. Szukanie mocnych stron może się okazać krokiem milowym, bo przecież każdy ma w sobie jakieś ukryte zdolności.

Będę twoją maskotką

Rolę maskotki, a inaczej klauna lub dziecka rozbrajającego często pełni najmłodsze dziecko w rodzinie. Jest to rola, która ma za zadanie rozładowanie napięcia poprzez żarty i wygłupy. Nie jest to jednak wcale temat do śmiechu. Dziecko, które pełni tę rolę, totalnie tłumi emocje, bo przecież bez względu na to, co się dzieje, okazuje optymizm i radość i tylko poprzez rozweselanie wszystkich zwraca na siebie uwagę. Tak naprawdę nikogo nie interesuje, co ono czuje.

Dziecko pełniące rolę maskotki, nawet jeśli już mówi o swoich problemach, robi to ze śmiechem, na żarty. To powoduje trudności w nawiązaniu prawidłowych relacji, bo trudno budować poważny związek z kimś, kto ciągle żartuje, nawet z tego, co sprawia mu ból. Dramat tej osoby polega na tym, że nikt nie traktuje jej poważnie.

Byłam domową maskotką, nikt inaczej nie zwracał na mnie uwagi, chyba że chciał się rozerwać. W domu, w którym panował grobowy nastrój i strach, byłam potrzebna, aby wprowadzić bardziej optymistyczny nastrój. Mnie jakoś rzadko było do śmiechu. Chciałam, aby ktoś ze mną pogadał o tym, co się dzieje w domu, ale nikt nie uważał, że warto ze mną rozmawiać.

Rola maskotki powoduje problemy z podejmowaniem decyzji w dorosłym życiu oraz zupełnie nieadekwatne zachowania w pracy lub wśród znajomych. Terapia dziecka maskotki daje efekty, jeśli dziecko zaczyna odczuwać, że jest dla nas ważne i akceptowane w całości, że nie musi zwracać naszej uwagi wygłupami. Z osobą dorosłą warto przepracowywać różne zachowania i korygować błędy w rozumieniu rzeczywistości. Warto aby zarówno dziecko, jak i dorosły zdali sobie sprawę, że wyrażanie emocji nie jest niczym złym, a okazywanie słabości może być aktem odwagi, a nie tchórzostwa.

Oraz inne role...

W literaturze przedmiotu, oprócz wspomnianych czterech podstawowych, są obecne jeszcze inne role występujące w rodzinach dysfunkcyjnych, również alkoholowych, które warto przynajmniej w skrócie omówić.

Ułatwiacz

Do wspomnianych czterech ról należy dodać jeszcze jedną, w której dziecko jest najbliżej wzorca wspomagania choroby alkoholowej, towarzysząc alkoholikowi w piciu. Ułatwiacz próbuje naprawić rzeczywistość, jednocześnie biorąc odpowiedzialność za sytuację w rodzinie. Jego życie niemal w pełni skupia się na życiu alkoholika. Współpracuje ze wspólnikiem picia.

Najważniejsze było dla mnie zapewnienie wszystkim komfortu, spełniając prośby ojca. Chciał pić – dawałam mu piwo lub wódkę; jak nie było – szłam do sklepu, musiałam też zadbać o to, aby były na to pieniądze. Pomagałam mamie w gotowaniu dla niego przysmaków. Byłam przekonana, że to, czy ojciec pije, czy nie, zależy ode mnie.

Największym dramatem tej osoby jest łączenie swoich sukcesów i porażek z tym, co dzieje się z alkoholikiem. Dziecko takie posiada cechy współuzależnienia, a ułatwiając alkoholikowi picie, uniemożliwia mu podjęcie decyzji o terapii. Opiekuje się pijącym rodzicem, pilnuje na imprezach, przyprowadza do domu, szuka, kiedy długo nie wraca, kupuje piwo, aby nie pił wódki, i co najgorsze, pije razem z nim, aby alkoholik wypił mniej. Jest mu wstyd za całą sytuację, towarzyszy mu również złość na to, co się dzieje, i cierpi z tego powodu. Branie odpowiedzialności za picie jednego z rodziców jest obciążające, a z drugiej strony ułatwianie mu tego nie jest dobrym potencjałem na dorosłe życie. Pomoc takiej osobie to przede wszystkim uświadomienie jej, w jaki sposób stała się pomocnikiem alkoholika zamiast walczyć z jego nałogiem.

Dziecko infantylne

Dochodzi tu do zachowań i myśli infantylnych, nieadekwatnych do wieku. Duża dziewczynka udaje małą i tym zwraca uwagę domowników. Głośno wyraża to, co myśli, bardzo chce być w centrum zainteresowania, reaguje nieadekwatnie do sytuacji oraz jest podatna na wpływy innych osób. W dorosłym wieku taka kobieta ubiera się w dziewczęce sukienki, potrafi wydać całą pensję na zupełnie niepotrzebne rzeczy. Nie przyjmuje krytyki i potrafi śmiać się na przykład na pogrzebie. Takie zachowania mogą być wynikiem traumy emocjonalnej lub nawet molestowania seksualnego.

Podczas terapii człowiek uczy się żyć zupełnie na nowo, aby powoli wychodzić ze swej roli „wiecznego dziecka".

Ratownik

To dziecko, które zawsze chce ratować świat. W domu i w szkole staje w obronie wszystkich pokrzywdzonych. Próbuje nawet czytać w myślach i jest zawsze na posterunku. Postawę taką kreuje parentyfikacja, kiedy dziecko staje się rodzicem dla swoich rodziców. Zjawisko to jest objawem zakłóceń w funkcjonowaniu rodziny, w której dziecko wypełnia zadania rodziców, zupełnie negując przy tym swoje potrzeby. Jeśli zaspokaja potrzeby takie jak zarabianie pieniędzy, sprzątanie, zakupy, opieka nad rodzeństwem lub chorym rodzicem, jest to parentyfikacja instrumentalna. Sytuacja taka może wystąpić nie tylko w rodzinie z problemem alkoholowym, ale również w przypadku samotnego rodzicielstwa lub nadmiaru obowiązków w pracy u jednego z rodziców. Nieraz ma też miejsce wśród rodzin imigranckich, kiedy dziecko pełni rolę tłumacza i przewodnika. Zdecydowanie trudniejszą sprawą jest parentyfikacja emocjonalna, kiedy dziecko pełni rolę opiekuna, powiernika lub pocieszyciela jednego z rodziców, mediatora jednego z nich lub nawet – co chyba najbardziej przerażające – partnera seksualnego. Sytuacja parentyfikacji może trwać latami, podobnie terapia osób dotkniętych tym problemem może trwać bardzo długo.

Prowokator

Prowokator to dziecko, które konfrontuje rodzica z jego nałogiem, wzbudza w nim poczucie winy. Działa w kierunku przeciwnym do ułatwiacza, nie pomaga rodzicowi pić, mówi mu, że ma problem, co nieraz powoduje awantury i wyzwiska kierowane w jego kierunku.

Ofiara

Ofiarą jest dziecko, które bierze na siebie odpowiedzialność za nałóg rodzica. Jest przestraszone i zupełnie nie wie, jak poradzić sobie w sytuacji zagrożenia. Podobnie kiedy staje się dorosłym, nieustannie widzi zagrożenia, a połowę z nich uznaje za spowodowane przez siebie. Osoba taka jest zupełnie zależna od innych i potrafi być wielkim obciążeniem dla otoczenia.

Wśród ról społecznych pełnionych przez dzieci próbujące radzić sobie z alkoholizmem rodziców badaczka Claudia Beck wyróżnia jeszcze trzy postawy:

- **dziecko odpowiedzialne** – takie, które opiekuje się rodzicami i rodzeństwem;

- dziecko dostosowujące się – potrafi dostosować się do każdej sytuacji, jaka ma miejsce w domu, i w tym celu bacznie obserwuje, to co się w nim dzieje;

- dziecko łagodzące sytuację – szybko reaguje na napięcia i robi wszystko, aby rozładować atmosferę.

Problem FAScynującego dziecka

Najbardziej niebezpiecznym skutkiem nadużywania alkoholu przez rodziców jest uszkodzenie płodu. Alkohol pity w ciąży może uszkodzić mózg, rdzeń kręgowy i inne części ciała oraz znacznie zakłócić jego rozwój. Nie jest znana ani bezpieczna ilość alkoholu dla kobiet w ciąży, ani też czas bezpiecznego okresu dla picia alkoholu przez ciężarną. Obliczono natomiast, że wypicie 50 mg czystego alkoholu etylowego może spowodować obumarcie aż 20 milionów neuronów. Wady fizyczne dzieci z FAS/FASD to przede wszystkim charakterystyczne rysy twarzy, deformacja stawów i kończyn, powolny wzrost przed i po urodzeniu, słaby wzrok i słuch, wady serca i nerek, mały obwód głowy i rozmiar mózgu.

Dzieci te cierpią z powodu niepełnosprawności intelektualnej i opóźnionego rozwoju. Oprócz tego mają problemy z zapamiętywaniem, kłopoty z przetwarzaniem informacji, są nadpobudliwe. Mogą być wrażliwe na zmiany w rutynie i stylu życia. Wady rozwojowe utrzymują się do końca życia, ale wczesna interwencja pomaga zmniejszyć ich skutki. Dzieci z FAS-em wśród terapeutów, diagnostów i grupy specjalistów nazywane są FAScynującymi. I takie naprawdę potrafią być.

Alkoholowego Zespołu Płodowego nie da się wyleczyć. Nie jest tak, że w którymś momencie objawy znikną, a dziecko nagle stanie się zupełnie inne. Ale szybka diagnostyka, odpowiednio dobrana terapia, środowisko szkolne pozbawione przemocy i przede wszystkim szkolenie rodziców, aby wiedzieli, jak z dziećmi tymi pracować i jak je wspierać, pozwala na znaczną poprawę jakości życia zarówno ich, jak i całej rodziny. Praca z dzieckiem z FAS to codzienne wychodzenie pod górę i nie ma na to jednego sposobu. Nic nie gwarantuje sukcesu. Prostota, rutyna, nieustanne przypominanie o codziennych czynnościach i powtarzanie: „zrób", „nie zapomnij", „wstań", „idź", porządkowanie świata poprzez zasady, które są niezwykle ważne dla dzieci z FAS, kształtowanie prawidłowych nawyków przez nieustanny nadzór – to wszystko wymaga ogromnej pracy.

Czynniki chroniące

Wychodzenie z domu alkoholowego bez żadnych problemów jest wyjątkowo trudne. Najbardziej jednak martwi fakt, że wychodząc z takiego domu, dziecko może stać się dorosłym uzależnionym. Z badań wynika, że połowa dzieci alkoholików również staje się alkoholikami. Co zatem chroni drugą połowę przed tym krokiem? Dobrym czynnikiem chroniącym jest brak tolerancji na alkohol i chociażby kac, który powoduje bardzo złe samopoczucie.

\# Próbowałam się upijać, myślałam, że to przyniesie mi ulgę, że przestanę czuć, ale mój organizm alkohol znosi okrutnie, chorowałam dwa dni. Teraz wiem, że to szczęście.

Czynniki psychologiczne dotyczą znajomości i poszanowania norm, poziomu empatii, szacunku do siebie i innych, poczucia odpowiedzialności, znajomości skutków picia alkoholu, a nawet praktyk religijnych. Czynnikiem chroniącym jest również umiejętność prawidłowego nazywania problemów. Nieudawanie, że problemy, z jakimi się mierzymy, są nie wiadomo skąd. One są z alkoholu, z tego, że rodzice nie potrafili brać odpowiedzialności za dzieci, że zafundowali im znamię, które zostaje do końca życia.

\# Długo przede wszystkim myślałam, że mama śpi, bo jest zmęczona, potem, że jest chora i tak w kółko. W końcu jak byłam starsza, zobaczyłam, ile małych buteleczek mieści się w jej torebce, i zrozumiałam, dlaczego zawsze ma w tej torebce miętowe cukierki. Była zwyczajną alkoholiczką. Co tu dużo gadać.

Czynnikiem chroniącym jest również spotkanie na swojej drodze nauczyciela, pedagoga, innego rodzica, kogoś dorosłego, kto pokaże, że jest gdzieś inne życie, że nie trzeba żyć tak, jak żyli rodzice. W historii wychodzenia z domów patologicznych zawsze jest ktoś taki, kto zauważył krzywdę i nie bał się zareagować.

\# W szkole spotkałam koleżankę, której mama roztoczyła nade mną opiekę. To było coś nowego. Wcześniej nikt nie mógł się ze mną bawić ani przyjaźnić, byłam z TEGO domu. Mogłam kogoś zarazić patologią. I ta mama do dziś jest moją przyjaciółką.

Taki dom i dzieci z **tego** domu to zadanie dla nas wszystkich. Za każdym skrzywdzonym dzieckiem stoją obojętni dorośli, ludzie, którym było łatwiej nic nie widzieć. Sama straciłam kiedyś pracę, bo ujęłam się za poszkodowanymi molestowaniem. Dziś zrobiłabym to samo.

Życie w trójkącie

Jak to zostało już podkreślone, DDA to zbawianie świata, naprawianie go innym ludziom, szczególnie kiedy trudno jest naprawić swój. To zbawianie świata, mimo że już dawno się dokonało, może funkcjonować w tzw. trójkącie Karpmana, który obrazuje naprzemienne przechodzenie od roli **ofiary**, **wybawiciela** do roli **prześladowcy**. Role w tym trójkącie nie są przypisane jedynie osobom uzależnionym czy współuzależnionym, są uniwersalne i wchodzi w nie niemal każdy człowiek.

Najczęściej trójkąt zaczyna się od roli ofiary. Epatuje swoim uczuciem bezradności, opowiadając o swoich krzywdach i wzbudzając poczucie winy.

– Jestem nieszczęśliwa!

– Jestem pokrzywdzona!

– Moje życie to dramat!

– Wszystko przeze mnie, jak mam dalej żyć!

W głowie już wie, a w żołądku czuje, że wszyscy powinni jej pomóc, bo jest przecież najbardziej poszkodowanym człowiekiem świata. To w niej kumulują się wszystkie nieszczęścia kuli ziemskiej, nie wiadomo, jakim cudem ma jeszcze siłę wstawać z łóżka i... dręczyć innych. Komunikuje wszystkie nieszczęścia, a jej wprawne oczy wypatrują wybawcy lub prześladowcy. Przecież w końcu ktoś musi odpowiedzieć na wezwania. To w końcu jej życiowa rola. Na widowni ktoś ociera łzy, ktoś inny wyciąga chusteczki lub wzdycha.

Wtedy na scenę wchodzi **prześladowca**. On nie ma problemu z poniżaniem i wytykaniem błędów; pręży muskuły i rozlicza, demaskuje, oskarża, a wszystko, co robi, czyni w jedynej słusznej sprawie. Patrzy z boku na ofiarę, bo jeszcze sam niedawno nią był. Ofiara i prześladowca, czasem zwany katem, doskonale się znają. Bywa, że to ta sama osoba. Mrugają do siebie porozumiewawczo, bo wiedzą, że dla nich zamiana ról to jedna sekunda.

W końcu pojawia się **wybawiciel**. Wie, czego najbardziej wszystkim potrzeba, zna się na tym. Cała jego postawa wyraża wyższość nad innymi, bycie niezastąpionym. Codziennie ratuje świat, ściąga koty z drzew, pomaga staruszkom rąbać drzewo, przeprowadza niewidomych przez ulice, robi zakupy wszystkim samotnym tego świata. Powie ci, co masz ubrać, co jeść i delikatnie, w białych rękawiczkach zaczyna kontrolować twoje i nie tylko twoje życie. Rzecz jasna odbywa się to kosztem jego życia. Traci siły i w dodatku nikt mu nie pomaga, zatem staje się... ofiarą. Przedstawienie trwa od początku. Następuje tylko zmiana postaci. Czy nie jest tak, że każdy z nas choć raz grał w tej sztuce? Podczas terapii uczymy się wychodzić z tego trójkąta. Aby z niego wyjść, trzeba wiele zmienić, ale po tej zmianie możemy być pewni, że nauczymy się już więcej do niego nie wchodzić. Alternatywą dla ofiary jest umiejętność realnego rozwiązywania problemów zamiast szukania winnych. Wybawiciel powinien nauczyć się faktycznie pomagać, a nie wyręczać, szanować granice i odrębność innych ludzi. Nad poszanowaniem granic pracować musi również prześladowca, który szczególną uwagę powinien zwrócić na godność i prawa innych.

Co jeszcze może się stać?

Wzrastanie w domu przemocowym to nie tylko problemy w relacjach, wyrażaniu emocji, wstyd, wina i wszystkie inne aspekty opisane wyżej. To również problemy w wieku dorosłym, które potrafią całkowicie zaburzyć funkcjonowanie człowieka.

Depresja to choroba, która może być skutkiem traumatycznych przeżyć. W Polsce choruje na nią ok. 1,5 mln osób. Coraz częściej są to ludzie aktywni zawodowo, bo nowe oblicze depresji jest pełne sukcesów i ma radosną twarz. Codziennie na świecie z powodu depresji umiera 3800 osób. W Polsce każdego dnia 16 Polaków z jej powodu odbiera sobie życie, co stanowi liczbę większą niż liczba ofiar w wypadkach drogowych. Podłożem depresji może być trudne dzieciństwo, ale również wiele innych doświadczeń oraz chorób, jak zmiany hormonalne czy zaburzenia w funkcjonowaniu układu nerwowego. Depresja może być pokłosiem przeżyć z dzieciństwa, ale nie musi. Warto pamiętać, że każda zmiana w zachowaniu osoby może stanowić niepokojący objaw.

Zaburzenia lękowe mogą być wywołane traumatycznymi przeżyciami w dzieciństwie, kiedy lęk jest źródłem cierpienia psychicznego niewidocznego dla innych. Objawia się między innymi trudnościami w uspokajaniu się, nieustannym zamartwianiem się, przerażeniem wywołanym jakimś zdarzeniem; mogą również pojawić się dolegliwości ze strony układów oddechowego i pokarmowego. Wyróżniamy różne rodzaje zaburzeń lękowych.

Najczęściej spotykanymi są **fobie społeczne**, w których lęk przed krytyką, ocenianiem, zawstydzeniem czy upokorzeniem może powodować pocenie się, przyspieszone bicie serca, zaczerwienienia.

Zespół lęku uogólnionego to przesadny lęk przed nieszczęściem, które może się przytrafić. To wszystkie katastroficzne scenariusze, które zapewne dojdą do skutku w niedalekiej przyszłości. Chory cierpi na zaburzenia snu, drażliwość i napięcie mięśniowe.

Zaburzenia obsesyjno-kompulsywne charakteryzują się występowaniem obsesji, czyli nawracających myśli i obrazów, które powodują stres. Odpowiedzią na to są kompulsje, czyli czynności, które człowiek wykonuje, będąc niejako do nich zmuszonym. Najbardziej znane to nieustanne mycie rąk.

Zespół stresu pourazowego, którego syndromem jest odczuwanie ciągłego napięcia, koszmary senne, i powracające wspomnienia traumatycznych przeżyć.

Światowa Organizacja Zdrowia informuje, że rocznie z powodu alkoholu umiera ponad 3 mln osób. Alkohol ma również związek z 200 różnymi chorobami i dolegliwościami, jest także przyczyną samobójstw, przemocy i wypadków.

Na sam koniec

Wyobraźmy sobie dwie różne postacie na naszych ramionach. Na prawym jest ktoś, kto nieustannie płacze, jest ofiarą, bo przecież był bity, nikt go nie kochał, matka ciągle krzyczała, bo była nieszczęśliwa, albo codziennie wracała chwiejnym krokiem, a potem zwyczajnie przestała wychodzić z domu, tato był mistrzem przemocy. Scenariusz może być różny, ale finał jest zawsze taki sam. Ofiara – już dorosły człowiek – nie robi nic, bo przecież nie umie, nie potrafi, nie spróbuje, bo miał okropne dzieciństwo. Jakimś cudem ma swoją rodzinę, choć przecież nie powinien, sam to zresztą komunikuje. Stał się dla nich katem, bo ofiara w końcu nim się staje. I coraz bardziej się garbi, bo chowa się gdzieś w siebie. Wszyscy mają lepiej od niego, więc lepiej się nie wychylać. Jest ogromnie nieszczęśliwy, mimo że współmałżonek niemal staje na głowie, aby było dobrze.

Na drugim ramieniu jest bohater, osoba nie do zatrzymania, która zostawia wszystkich w tyle i absolutnie nigdy nie płacze. Łzy zatrzymują się gdzieś na poziomie gardła, jeśli już lecą, to podczas filmu albo ze śmiechu. Płacz to będzie trudny poród, bo jego łzy rodzą się w bólach. Nic go nie obchodzi przeszłość, terapia jest dla mięczaków. On jest dzielny, silny, inni zupełnie go nie interesują. A już na pewno ich zdanie. Jest ratownikiem, zbawia świat, codziennie ratuje ludzkość od zagłady. Wszystko, byle nie czuć serca. Potrafi robić tysiąc rzeczy, zanim padnie wieczorem na twarz. Jest potrzebny, bo bez niego kula ziemska przestanie się kręcić. Oddałby trzy nerki, ale ma tylko dwie. Rozwiązuje problemy innych, aby nie widzieć swoich.

Między nimi jak szalone, ocierając pot z czoła, biegają małe aniołki, bo z prawej płynie nieustający potok łez, a z lewej lecą słowa jak kamienie, bo zbawianie świata to ciężka praca. Kiedy ktoś przychodzi na terapię pierwszy raz, niemal widzę te biegające aniołki.

Obydwie skrajne postawy spotykam zbyt często. Ofiara i wybawiciel czasem przenikają się nawzajem. Małe skrzywdzone dziecko siedzi w środku i krzyczy: „zrób coś ze mną!". Ale to byłoby zbyt proste: ukochać małego Jasia, płaczącą Gosię, chowającego się pod stołem Tomka. Po pierwsze trzeba... popłakać.

Ale nie nad sobą, jak robi to ofiara, albo potajemnie, jak czasem zdarza się wybawicielowi. Trzeba popłakać nad tym, co było. Głośno powiedzieć: „to było złe, to było okrutne, to nie powinno się zdarzyć". Wydobyć ten płacz ze środka. Proszę mi wierzyć lub nie, ale ciągle spotykam ludzi, którzy nie płaczą. Opowiadają o tym, co było, robią się czerwoni, ciśnienie im skacze, ale nie płaczą. A przecież ciało czeka na ten płacz, w którym każda łza jest jak oczyszczenie, a nie oskarżenie. Łzy oczyszczenia są zdecydowanie lepsze niż szloch nad swoim nieszczęściem lub rzucanie słów kamieni na tych, którzy pytają o przeszłość. Uświadomienie sobie krzywd doświadczonych w dzieciństwie pozwala nam spojrzeć na nie z pozycji osoby dorosłej. Nie tak jak ofiara, która tym usprawiedliwia własne niepowodzenia, czy wybawiciel, który chce udawać, że tak wcale nie było, ale jak osoba, która może powiedzieć, że to już było, ale minęło. Że akceptuję to i już z tym nie walczę, nic nie udaję. Łzy popłyną, oczyszczą serce, duszę, przemyją rany. Bo w końcu trzeba pokochać te rany, przestać udawać, że ich nie ma. Obmyć je w żalu, aby przestały krwawić, i zrewidować samoocenę. Bo to nie rany nas definiują, robimy to my sami przez wszystko, co robimy dla siebie i innych.

Wiele osób na początku drogi odkrywa, że nie potrafią również krzyczeć. Każde skrajne okazywanie emocji było przecież zakazane. Trzeba było siedzieć cicho, nic nikomu nie mówić, nie skarżyć się i nie unosić. Nawet najgorszy dom nie był taki zły, wszak rodziców trzeba szanować, jacykolwiek by byli. Poza tym zawsze jest ktoś, kto ma gorzej. Z domu nic się nie wynosi, a najlepiej, jak się nic nie czuje. Zamrożone czucie, zamrożone myśli, zamrożone odczuwanie. Nieczucie pozwala przetrwać, ale przecież nikt nie mówił, że z nim wejdzie się w dorosłe życie. Owo zakazane to pierwsze, z czym należy się skonfrontować. Bo nagle można czuć złość, płakać nad tym, co było, i krzyczeć z głębi trzewi. To trudny proces, ale chyba najważniejszy, kiedy pozwalamy sobie odczuwać. Ze środka wydobywa się nieraz krzyk: „ja jestem tu", albo: „chcę, żeby poczuł to, co ja, żeby żałował".

Widziałam nieraz taki głośny i wyzwalający krzyk. Kojarzy mi się z krzykiem noworodka przy porodzie – i tym właśnie jest, bo wówczas rodzimy się na nowo, obmywając rany we łzach. Zgoda na to, co było, a co ważniejsze pogodzenie się z faktem, że przeszłości nie da się zmienić, już minęła, jest jak start w najtrudniejszym biegu życia. Potykając się, pragnąc, tracąc siły, biegniemy dalej. Adrenalinę, jaką dawał dom, zastępuje spokój, ukojenie i umiłowanie siebie. Zyskujemy zupełnie nowe informacje na swój temat. Nagle tak wiele umiemy, tyle rzeczy możemy dokonać, a przede wszystkim potrafimy kochać.

Weryfikowanie wiedzy o sobie to kolejny proces. Bo przecież zdarza się nieustannie słyszeć głos: „nie umiesz, nie zrobisz, jesteś beznadziejna, jesteś niepotrzebna, wszystko przez ciebie". Słowa jak ciosy wymierzane kilka razy dziennie, utrwalone w krwiobiegu, white w każdą kość i pod paznokcie, tkwią w nas niczym korzenie. Praca nad tym przypomina karczowanie ogrodu – jeśli nie wyplenisz chwastów do końca, odrosną wcześniej niż wszystko inne. Wyrywane przez codzienne małe

i wielkie sukcesy, począwszy od tego, że się wstało, po na przykład zmianę pracy, chcą trwać tak samo jak dobro, które się
rodzi. Gwarantuję jednak, że korzenie te można zlikwidować.
Od tego już całkiem blisko do nowego siebie, głodnego miłości
jak nigdy, potrafiącego dawać, ale i przyjmować, bez strachu
przed porzuceniem. Bo przecież każde dziecko krzywdzone
przez rodziców staje się opuszczonym dorosłym. Nieważny
w dzieciństwie, jest tak samo nieważny w dorosłości.

Pomiędzy dwiema przenikającymi się postawami, czyli ofiary, która jest biedna i pokrzywdzona, oraz wybawiciela, który
uratuje świat i rozwiąże każdy problem, trzeba odnaleźć prawdę
o sobie. Prawda ta nie jest szczególnie tajemnicza, bo dotyczy
tak prostych rzeczy jak to, że mogę być zmęczony, mogę nie
chcieć, mogę pragnąć, mogę mieć marzenia, mogę zrobić tak
wiele rzeczy, które gdzieś tam czekają na moje głośne „tak".
Nazywam to **pozwoleniem na życie**. Mieści się w nim również
pozwolenie na żałobę, bo przecież po byciu ofiarą i wybawi-
cielem, trzeba ją przeżyć, dać sobie czas i pozwolenie na nowe
życie. Nawet najgorsza przeszłość ma to do siebie, że już minęła,
a żałoba po niej nie może trwać wiecznie. Ja na początku proszę
o jedno: daj odpoczywać swojemu ciału, odetchnąć płucom
i zapragnąć sercu.

Spis treści

II